ADVOCACIA PÚBLICA E AUTONOMIA

Garantia de Segurança Jurídica nas Políticas Públicas

VICENTE MARTINS PRATA BRAGA

Prefácio
Gustavo Binenbojm

ADVOCACIA PÚBLICA E AUTONOMIA

Garantia de Segurança Jurídica nas Políticas Públicas

Belo Horizonte

2024

© 2024 Editora Fórum Ltda.

É proibida a reprodução total ou parcial desta obra, por qualquer meio eletrônico, inclusive por processos xerográficos, sem autorização expressa do Editor.

Conselho Editorial

Adilson Abreu Dallari	Floriano de Azevedo Marques Neto
Alécia Paolucci Nogueira Bicalho	Gustavo Justino de Oliveira
Alexandre Coutinho Pagliarini	Inês Virgínia Prado Soares
André Ramos Tavares	Jorge Ulisses Jacoby Fernandes
Carlos Ayres Britto	Juarez Freitas
Carlos Mário da Silva Velloso	Luciano Ferraz
Cármen Lúcia Antunes Rocha	Lúcio Delfino
Cesar Augusto Guimarães Pereira	Marcia Carla Pereira Ribeiro
Clovis Beznos	Márcio Cammarosano
Cristiana Fortini	Marcos Ehrhardt Jr.
Dinorá Adelaide Musetti Grotti	Maria Sylvia Zanella Di Pietro
Diogo de Figueiredo Moreira Neto (*in memoriam*)	Ney José de Freitas
Egon Bockmann Moreira	Oswaldo Othon de Pontes Saraiva Filho
Emerson Gabardo	Paulo Modesto
Fabrício Motta	Romeu Felipe Bacellar Filho
Fernando Rossi	Sérgio Guerra
Flávio Henrique Unes Pereira	Walber de Moura Agra

FÓRUM
CONHECIMENTO JURÍDICO

Luís Cláudio Rodrigues Ferreira
Presidente e Editor

Coordenação editorial: Leonardo Eustáquio Siqueira Araújo / Aline Sobreira de Oliveira
Revisão: Gabriela Sbeghen
Capa e projeto gráfico: Walter Santos
Diagramação: Formato Editoração

Rua Paulo Ribeiro Bastos, 211 – Jardim Atlântico – CEP 31710-430
Belo Horizonte – Minas Gerais – Tel.: (31) 99412.0131
www.editoraforum.com.br – editoraforum@editoraforum.com.br

Técnica. Empenho. Zelo. Esses foram alguns dos cuidados aplicados na edição desta obra. No entanto, podem ocorrer erros de impressão, digitação ou mesmo restar alguma dúvida conceitual. Caso se constate algo assim, solicitamos a gentileza de nos comunicar através do e-mail editorial@editoraforum.com.br para que possamos esclarecer, no que couber. A sua contribuição é muito importante para mantermos a excelência editorial. A Editora Fórum agradece a sua contribuição.

Dados Internacionais de Catalogação na Publicação (CIP) de acordo com ISBD

B813a	Braga, Vicente Martins Prata
	Advocacia pública e autonomia: garantia de segurança jurídica nas políticas públicas / Vicente Martins Prata Braga. Belo Horizonte: Fórum, 2024.
	109p. 14,5x21,5cm
	ISBN impresso 978-65-5518-733-5
	ISBN digital 978-65-5518-730-4
	1. Advocacia pública. 2. Autonomia. 3. Políticas públicas. 4. Função essencial à justiça. I. Título.
	CDD: 342
	CDU: 342

Ficha catalográfica elaborada por Lissandra Ruas Lima – CRB/6 – 2851

Informação bibliográfica deste livro, conforme a NBR 6023:2018 da Associação Brasileira de Normas Técnicas (ABNT):

BRAGA, Vicente Martins Prata. *Advocacia pública e autonomia*: garantia de segurança jurídica nas políticas públicas. Belo Horizonte: Fórum, 2024. 109p. ISBN 978-65-5518-733-5.

Como não podia deixar de ser, em primeiro lugar, mais esse fruto dos anos de pesquisa e de advocacia dedico a Deus, agradecendo o dom da vida que me permite ser útil ao próximo por meio da profissão que exerço.

Dedico também o presente trabalho a minha família, em especial, a minha esposa, Marília; a meus filhos Helena, Arthur e Miguel; a minha querida mãe, Maria Iracema; a meu saudoso pai, Vicente Prata; e a meus irmãos, Bruna e João, e sobrinhos.

AGRADECIMENTOS

Ao finalizar a pesquisa realizada para a elaboração da presente obra, o sentimento é de gratidão ao Prof. Dr. Gustavo Binenbojm, orientador, colega na Advocacia Pública, e amigo, que, por meio de debates, direcionamento e indagações, soube tão bem mostrar caminhos a serem percorridos na investigação produzida quanto ao tema da autonomia da Advocacia de Estado.

Não poderia deixar de agradecer aos Professores Dr. André Cyrino e Dr. José Vicente Mendonça, que souberam apresentar críticas construtivas ao presente trabalho, contribuindo no aperfeiçoamento do livro a fim de que chegue ao público uma obra que leve o leitor a entender a necessidade e a urgência da autonomia da Advocacia Pública para a defesa do Estado democrático de direito. Agradeço também a todos os colegas advogados e advogadas públicos com os quais tive, e tenho tido, a oportunidade de debater formas para melhor exercer essa função tão essencial à Justiça, defendendo, assim, os interesses dos entes federados.

Nesse contexto, não posso esquecer de saudar e de agradecer a todos os colegas e amigos da Associação Nacional dos Procuradores dos Estados e do Distrito Federal (Anape), com os quais tenho tido a grata oportunidade de conviver nesses últimos anos à frente dessa associação. Também agradeço à Universidade do Estado do Rio de Janeiro que, por meio de seu Programa de Pós-Graduação em Direito Público, permitiu a realização do pós-doutoramento, levando à realização deste trabalho que, espero, possa contribuir no debate e na melhoria jurídico-social quanto ao tema pesquisado.

Com espírito de gratidão, sigamos ao livro.

SUMÁRIO

PREFÁCIO
Gustavo Binenbojm.. 11

INTRODUÇÃO 13

CAPÍTULO 1
HISTÓRICO DO ADVOGADO PÚBLICO: DA FUNÇÃO AO CARGO
PÚBLICO ESPECIALIZADO 23

CAPÍTULO 2
DA SITUAÇÃO DO ADVOGADO PÚBLICO EM OUTROS PAÍSES:
COMPARAÇÕES DO ESTADO DA COISA 35

CAPÍTULO 3
DA CONCEITUAÇÃO DE AUTONOMIA E DA SUA ANÁLISE
NA JURISPRUDÊNCIA DA SUPREMA CORTE BRASILEIRA NAS
FUNÇÕES DO MINISTÉRIO PÚBLICO, DA DEFENSORIA PÚBLICA
E DA ADVOCACIA DE ESTADO 41

CAPÍTULO 4
DA TEORIA DOS PODERES IMPLÍCITOS 83

CONCLUSÃO 95

REFERÊNCIAS 101

PREFÁCIO

Advocacia Pública e autonomia – Garantia de segurança jurídica nas políticas públicas, da lavra de Vicente Martins Prata Braga, é livro originário do trabalho apresentado pelo autor para a conclusão de seu Pós-Doutorado em Direito Público na Faculdade de Direito da Universidade do Estado do Rio de Janeiro – UERJ. Fruto da pesquisa pós-doutoral, mas também da experiência de Vicente como Presidente da Associação Nacional dos Procuradores de Estados e do Distrito Federal (Anape), o texto vem agora a público com o prestigioso selo da Editora Fórum, adaptado e enriquecido pelos debates e sugestões colhidos pelo autor da sessão de arguição, da qual participaram os Professores André Cyrino e José Vicente Mendonça.

A Advocacia Pública foi tratada pela Constituição de 1988 como uma função essencial à Justiça, e não como um mero órgão governativo, subordinado à estrutura hierárquica do Poder Executivo central. Isso significa que o constituinte não pretendeu equiparar a Advocacia-Geral da União e as procuradorias-gerais dos estados aos ministérios e às secretarias estaduais, respectivamente. Não ao menos no sentido clássico de órgãos politicamente subordinados à Chefia do Poder Executivo, que agem à base de relações fiduciárias, para a execução de ordens diretas do governante eleito pelo povo. Essa "correia de transmissão" entre a vontade do governante e a atuação dos órgãos de governo é essencial para a democracia e tem papel importante na transformação da política em políticas públicas.

A Advocacia Pública cumpre uma missão dupla, que requer um status institucional diferenciado. De um lado, os advogados públicos têm um engajamento natural com a viabilização jurídica das políticas públicas, desde o momento inicial da sua concepção até o seu acompanhamento e sustentação perante os órgãos de controle. De outro lado, a Advocacia Pública tem um compromisso com a defesa da juridicidade, seja no exercício da consultoria jurídica, seja no campo da atuação contenciosa. Nisso consiste a especificidade funcional do múnus do advogado público: compatibilizar as escolhas discricionárias dos governantes eleitos com as balizas impostas pelo ordenamento jurídico em vigor. É claro que governos podem e devem pretender alterar as normas jurídicas para implementar seus programas políticos de acordo com os anseios da população, mas até isso depende do assessoramento adequado dos advogados públicos para determinar a forma, o procedimento e os limites materiais de tais mudanças.

O que o autor propõe neste livro é dotar a Advocacia Pública – AGU e PGEs – de uma organização institucional munida de autonomia, que seja capaz de permitir o cumprimento adequado de sua dupla missão. A autonomia funcional, administrativa e financeira não é um projeto corporativo dos advogados públicos, mas uma condição de possibilidade para o desempenho de suas funções constitucionais. Para isso, é essencial investirmos no aprimoramento das normas constitucionais e legais que conferem essa tônica ao regime jurídico da Advocacia Pública, nos termos preconizados nesta obra.

Gustavo Binenbojm
Professor Titular de Direito Administrativo da Faculdade de Direito da Universidade do Estado do Rio de Janeiro – UERJ. Doutor e Mestre em Direito Público pela UERJ. Master of Laws (LL.M.) pela Yale Law School (EUA). Procurador do Estado do Rio de Janeiro e Advogado. Membro da Academia Brasileira de Letras Jurídicas – ABLJ.

INTRODUÇÃO

O presente livro, como fruto da tese de Pós-Doutorado deste autor, realizada no Programa de Pós-Graduação *stricto sensu* em Direito da Universidade do Estado do Rio de Janeiro, aborda a temática da Advocacia Pública no contexto brasileiro por meio de diversos elementos que caracterizam essa função que, conforme indica a Constituição do Brasil de 1988, trata-se de essencial à Justiça.

De início, na Ação Direta de Inconstitucionalidade nº 3.056,[1] em recente julgamento do Supremo Tribunal Federal, decidiu-se pela constitucionalidade do art. 87 da Constituição do Estado do Rio Grande do Norte, conforme voto do Min. Roberto Barroso, entendendo-se que não ofende a Carta Magna uma norma estadual que obrigue a escolha do procurador-geral do estado entre os membros integrantes da carreira de procurador do estado.

Esse julgado mostra-se importante nesta introdução, pois ele fixa, em linhas gerais, o que se busca no presente trabalho, a saber, utilizando-se das palavras do Min. Barroso, a Procuradoria-Geral dos Estados e a do Distrito Federal são vinculadas aos governadores, mas são, antes de tudo, "verdadeira instituição de Estado, com funções relacionadas ao controle de juridicidade dos atos administrativos que extrapolam a mera aderência à vontade de governos transitórios".[2]

---

[1] BRASIL. Supremo Tribunal Federal (Tribunal Pleno). Ação Direta de Inconstitucionalidade 3056. Rel. Nunes Marques. Red. do acórdão Min. Luís Roberto Barroso, j. 25.09.2023. Disponível em: https://portal.stf.jus.br/processos/detalhe.asp?incidente=2185109. Acesso em: 13 out. 2023.

[2] "Ementa: Direito constitucional e administrativo. Norma de constituição estadual que rege a escolha do procurador-geral do Estado do Rio Grande do Norte. 1. Ação direta de inconstitucionalidade contra dispositivo da Constituição estadual que estabelece que *o chefe da Procuradoria-Geral do Estado deve ser escolhido entre os integrantes da carreira*. 2.

Essa ideia norteou a pesquisa realizada a fim de que se entendesse como necessária a concessão de autonomia aos procuradores dos estados e do Distrito Federal, como se mostrará no decorrer do trabalho, para que, ao fim, essa função essencial à Justiça possa exercer seu múnus público instituído pela Constituição Federal.

A pesquisa concretizada mostra certa tensão existente entre o Estado de direito e o Estado democrático, o que deve ser equilibrado para a obtenção de um Estado democrático de direito.

Por Estado de direito, conforme Ari Sundfeld,[3] tem-se o Estado em que há a supremacia da Constituição, determinando-se a separação de funções entre os mais diferentes órgãos do próprio Estado. Nesse contexto, tem-se a superioridade da lei, existindo direitos oponíveis ao próprio Estado por parte dos indivíduos.

Por outro lado, o Estado democrático é aquele no qual as decisões governamentais são tomadas com alta participação da sociedade, ou seja, tem-se o povo escolhendo seus principais representantes, os quais, por sua vez, darão as diretrizes governamentais.[4]

Em suma, o Estado do direito é aquele em que predomina o princípio da legalidade, aqui entendido em sentido amplo ao englobar, inclusive, a supremacia da própria Constituição. No Estado democrático, tem-se o princípio da soberania popular, com o poder emanando do povo, o qual, por meio de seus representantes, traça as diretrizes das políticas públicas a serem implementadas.

Na construção do Estado democrático de direito, as carreiras da Advocacia Pública são essenciais para o equilíbrio desses interesses,

---

A regra estabelecida no art. 131, §1º, da CF/1988 para a escolha do Advogado-Geral da União não é aplicável aos Estados-membros por simetria. Assim, os demais entes públicos podem editar normas que fixem requisitos diversos para a escolha de seus Procuradores-Gerais. Precedentes. 3. *O critério eleito pela norma impugnada se insere em margem legítima de conformação atribuída ao constituinte estadual. Isso porque, embora a Procuradoria-Geral do Estado seja vinculada ao Governador, não há dúvida de que se trata de verdadeira instituição de Estado, com funções relacionadas ao controle de juridicidade dos atos administrativos que extrapolam a mera aderência à vontade de governos transitórios.* 4. Pedido julgado improcedente, com a fixação da seguinte tese de julgamento: "Não ofende a Constituição Federal a previsão, em ato normativo estadual, de obrigatoriedade de escolha do Procurador-Geral do Estado entre os integrantes da respectiva carreira" (BRASIL. Supremo Tribunal Federal (Tribunal Pleno). Ação Direta de Inconstitucionalidade 3056. Rel. Nunes Marques. Red. do acórdão Min. Luís Roberto Barroso, j. 25.09.2023. Disponível em: https://portal.stf.jus.br/processos/detalhe.asp?incidente=2185109. Acesso em: 13 out. 2023).

[3] SUNDFELD, C. A. Estado democrático de direito. *Boletim do Centro de Estudos da Procuradoria-Geral do Estado de São Paulo*, São Paulo, v. 14, n. 4, abr. 1990. p. 125.

[4] SUNDFELD, C. A. Estado democrático de direito. *Boletim do Centro de Estudos da Procuradoria-Geral do Estado de São Paulo*, São Paulo, v. 14, n. 4, abr. 1990. p. 125.

prezando pela correta aplicação da Constituição e das leis nas políticas públicas que os gestores buscam realizar em favor da sociedade.

O Constituinte de 1988 quis, conforme a necessidade que se mostrava para a melhor promoção da Justiça, destrinchar e separar funções que anteriormente eram conferidas a um mesmo cargo público.

Como apresentado adiante, o Ministério Público anteriormente era responsável por, além de defender os interesses sociais, defender os interesses do Estado e dos mais necessitados. Assim, ele englobava as atividades que hoje pertencem aos advogados de estado e aos defensores públicos.

Na Constituição de 1988, ocorreu, portanto, uma partição de funções, as quais foram conferidas a três instituições diferentes.

Com isso, pode-se chamar de advocacia pública *lato sensu* a englobar o Ministério Público, a Advocacia de Estado e a Defensoria Pública. Por outro lado, classificamos como advocacia pública *stricto sensu* aquela exercida pela Advocacia de Estado, aqui denominada, por vezes, apenas de Advocacia Pública.[5]

A Advocacia Pública é uma carreira que ganhou estatura constitucional há apenas 35 anos com a Constituição de 1988, sendo dissociada da figura do promotor de justiça, tem-se que a compreensão social da carreira ainda está sendo formada, sendo, portanto, importante a produção acadêmica sobre o tema a fim de que, por meio da pesquisa, possa-se chegar ao que melhor representa essa função e, assim, colaborar no fortalecimento dessa instituição em prol de toda a sociedade.

Verifica-se, porém, ainda, um déficit na produção acadêmica relativa à Advocacia de Estado, sendo pouca ainda a produção teórica

---

[5] Para melhor compreensão dessa distinção, conferir as seguintes palavras: "Por isso, no Brasil, a idéia de *advocacia pública* tradicionalmente engloba as funções de *acusação penal pública, fiscalização dos interesses indisponíveis, assistência judiciária aos necessitados e representação judicial, assessoramento e consultoria jurídica as entidades estatais.* Em linhas gerais, compreende as atribuições do Ministério Público (advocacia da sociedade), da Defensoria Pública (advocacia dos necessitados) e da Advocacia Estatal. É o que hoje se pode chamar de *advocacia pública lato sensu*. [...] Atualmente, contudo, pode-se falar na *advocacia pública strictu sensu*, entendida apenas como *Advocacia de Estado*, em razão de a Emenda Constitucional nº 19/98 ter renomeado como 'Da Advocacia Pública' a Seção II do Capítulo IV do Título IV da Constituição da República. A dita seção trata *da Advocacia-Geral da União, da Procuradoria-Geral da Fazenda Nacional e dos Procuradores dos Estados e do Distrito Federal*" (GRANDE JÚNIOR, Cláudio. Advocacia pública: estudo classificatório de direito comparado. *In*: GUEDES, Jefferson Carús; MOESSA, Luciane (Coord.). *Advocacia de Estado*: questões institucionais para a construção de um Estado de justiça. Estudos em homenagem a Diogo de Figueiredo Moreira Neto e José Antonio Dias Toffoli. Belo Horizonte: Fórum, 2009. p. 60-61).

sobre a conceituação da Advocacia Pública,[6] mostrando-se imperativo que seja amadurecido o tema a fim de que se possa chegar ao objetivo a que se destina essa carreira essencial à Justiça.

Diante dessa constatação, buscou-se, por meio do presente trabalho, avançar no entendimento do papel da Advocacia Pública no Brasil, centrando-se na necessidade de que seja conferida autonomia a essa carreira para que seus agentes públicos possam melhor exercer os altos papéis institucionais que lhes foram conferidos com a Constituição de 1988.

A busca por autonomia para a Advocacia de Estado é latente entre os integrantes da carreira. Não, porém, como um mero capricho, mas, como será adiante apresentado, por uma necessidade para que os membros dessa função pública possam atuar de forma a defender os interesses do ente federado a que pertencem, atuando, assim, como advogados de Estado e não como causídicos de governo.

Para bem ilustrar esse desejo inerente aos seus membros, destaca-se a pesquisa[7] realizada pelo Ministério da Justiça do Brasil, em 2011, para traçar um diagnóstico da Advocacia Pública no país.

Trata-se de uma pesquisa abrangente que apurou informações diversas sobre a atuação desses advogados em todas as esferas públicas, a saber, União, estados e Distrito Federal, e municípios.

Centrando-se apenas nos dados relativos às procuradorias-gerais dos estados, essa pesquisa chegou ao dado de que 94,8% dos procuradores que responderam à pesquisa manifestaram-se favoráveis ou totalmente favoráveis à autonomia funcional, administrativa e orçamentária da Advocacia de Estado.[8]

---

[6] BINENBOJM, Gustavo. O papel da Advocacia Pública na estabilidade jurídica e no desenvolvimento do país. In: PEDRA, Adriano Sant'Ana et al. (Coord.). *Advocacia Pública de Estado*: estudos comparativos nas democracias euro-americanas. Curitiba: Juruá, 2014. v. 1. p. 111.

[7] BRASIL. Ministério da Justiça. *I Diagnóstico da Advocacia Pública no Brasil*. Disponível em: http://www.sinprofaz.org.br/pdfs/diagnostico-advocacia-publica.pdf. Acesso em: 28 set. 2023.

[8] "A maioria das medidas relacionadas à Advocacia Pública foram aprovadas pelos Procuradores Estaduais, Autárquicos e Fundacionais que participaram da pesquisa: *94,8% dos entrevistados manifestaram-se favoráveis ou totalmente favoráveis à autonomia funcional, administrativa e orçamentária* da Instituição; *93,0% foram favoráveis ao poder de requisição de documentos*; *92,4% favoráveis ou muito favoráveis aos prazos qualificados* e *91,4% manifestaram-se favoráveis a uma maior atuação da Advocacia Pública nas áreas preventivas e educativas*. As medidas que obtiveram o *menor percentual* de indicações a favor ou totalmente a favor foram: *controle externo* da Advocacia Pública, *defesa dos agentes públicos* quando orientados previamente pela Procuradoria-Geral Estadual e *ouvidor não integrante*

Aliás, a referida pesquisa ainda apurou que, com o fito de aprimorar a prestação jurisdicional prestada pela Advocacia de Estado, 94,4% dos procuradores entrevistados são favoráveis ou muito favoráveis à ampliação e ao fortalecimento da atuação da Advocacia Pública como função essencial à Justiça.[9]

Essa constatação apurada em pesquisa de 2011 pelo Ministério da Justiça mostra a percepção de que a Advocacia de Estado necessita urgentemente de autonomia a fim de que sua atuação possa ocorrer da melhor forma possível em vista de sua missão institucional constitucionalmente fixada.

A Advocacia de Estado relaciona-se umbilicalmente com o Estado democrático de direito, sendo uma função essencial para a garantia a todos de uma atuação democrática e legal por parte dos poderes públicos. Com isso, a finalidade da atuação da Advocacia Pública não é o governo em si, mas o povo representado pelo governo legitimamente escolhido.

Segundo Binenbojm, existe uma "relação de imbricação lógica indissociável", utilizando-se das exatas palavras do jurista, entre Advocacia Pública e Estado democrático de direito. Aos advogados de estado, cabe fazer a comunicação entre a política e o direito, vistos como subsistemas sociais, bem como compatibilizar as políticas públicas definidas por agentes públicos eleitos com todos os limites impostos pelo ordenamento jurídico.[10]

Ao advogado público cabe zelar para que as políticas públicas dos governantes ocorram dentro dos ditames constitucionais e legais fixados pelo ordenamento jurídico brasileiro.

Diante dessa constatação quanto à elevada missão da Advocacia Pública, a qual está atrelada a sua função essencial à Justiça, com facilidade observa-se surgir a necessidade de autonomia para essa carreira, o que se defende no presente trabalho.

---

dos quadros da carreira que receberam indicação de 56%, 55,3% e 35,1% dos entrevistados, respectivamente" (BRASIL. Ministério da Justiça. *I Diagnóstico da Advocacia Pública no Brasil*. p. 110-111. Disponível em: http://www.sinprofaz.org.br/pdfs/diagnostico-advocacia-publica.pdf. Acesso em: 28 set. 2023).

[9] BRASIL. Ministério da Justiça. *I Diagnóstico da Advocacia Pública no Brasil*. p. 111-112. Disponível em: http://www.sinprofaz.org.br/pdfs/diagnostico-advocacia-publica.pdf. Acesso em: 28 set. 2023.

[10] BINENBOJM, Gustavo. O papel da Advocacia Pública na estabilidade jurídica e no desenvolvimento do país. *In*: PEDRA, Adriano Sant'Ana *et al.* (Coord.). *Advocacia Pública de Estado*: estudos comparativos nas democracias euro-americanas. Curitiba: Juruá, 2014. v. 1. p. 112.

Os procuradores dos estados e do Distrito Federal não são membros integrantes de nenhum dos poderes do Estado, mas, sim, como garante o próprio texto constitucional, são integrantes da instituição Procuradoria-Geral, função essencial à Justiça. Logo, os advogados públicos não são sequer membros do Poder Executivo, como muitos pretendem entender.

Partindo dessa premissa, é peremptório que seja garantida a autonomia à Advocacia de Estado para permitir que seus integrantes, ao exercerem seu papel de representantes judiciais e extrajudiciais dos entes públicos e de consultoria jurídica, possam realizar seu múnus público em favor do próprio Estado democrático de direito.

Nesse sentido, conforme explica Binenbojm,[11] a Advocacia Pública possui um compromisso democrático de trabalhar para que as políticas públicas legitimamente definidas pelos governantes democraticamente eleitos sejam viáveis juridicamente na medida em que essas políticas estejam delimitadas pela Constituição e pelas leis em vigor. Com isso, observa o jurista, o papel do advogado público é específico, não se tratando de um censor nem de um juiz administrativo, muito menos de um Ministério Público interno à Administração.

As procuradorias dos estados e do Distrito Federal, portanto, ao lado das outras funções elencadas na Constituição Federal, são essenciais para a promoção da Justiça, garantido que o povo não seja submetido a políticas públicas ilegítimas, inconstitucionais e ilegais.

Eis o motivo pelo qual se faz necessária a autonomia[12] para a carreira da Advocacia de Estado.

Nessa introdução, é necessário ficar claro que, entre as diversas facetas da autonomia, a saber, financeira, orçamentária, administrativa, técnica e funcional, busca-se, especificamente, a garantia da autonomia funcional, administrativa e financeiro-orçamentária como, inclusive,

---

[11] BINENBOJM, Gustavo. O papel da Advocacia Pública na estabilidade jurídica e no desenvolvimento do país. *In*: PEDRA, Adriano Sant'Ana *et al*. (Coord.). *Advocacia Pública de Estado*: estudos comparativos nas democracias euro-americanas. Curitiba: Juruá, 2014. v. 1. p. 113.

[12] Em uma defesa clara da autonomia para a Advocacia de Estado, Binenbojm pontua: "O Advogado Público deve ser aquele que deve ter a capacidade de dizer um 'não'. Mas, sobretudo, deve ter a capacidade de dizer 'talvez'. Isso deve acontecer porque 'talvez' se possa alcançar a realização de uma política pública com a alteração da própria ordem jurídica, dentro dos limites constitucionais estabelecidos" (BINENBOJM, Gustavo. O papel da Advocacia Pública na estabilidade jurídica e no desenvolvimento do país. *In*: PEDRA, Adriano Sant'Ana *et al*. (Coord.). *Advocacia Pública de Estado*: estudos comparativos nas democracias euro-americanas. Curitiba: Juruá, 2014. v. 1. p. 114).

está posto na proposta de emenda à Constituição apresentada no final deste trabalho.

Quanto à autonomia financeiro-orçamentária, entendida como aquela que garante que as procuradorias sejam dotadas de orçamento próprio, livremente administrado pela própria instituição conforme as normas do direito financeiro, quando existente, permite o autogoverno da procuradoria, condição necessária para a autonomia administrativa e para uma real autonomia técnico-funcional.

Com procuradorias de estado dotadas de autonomia financeiro-orçamentária, é possível que a própria instituição, por exemplo, realize concursos, nomeando candidatos aprovados quando necessário; estruture materialmente a procuradoria com a tecnologia necessária para o bom desempenho de suas atividades; enfim, tudo isso sem precisar passar diretamente pelo governador do estado.

Essa autonomia, se conferida, dará liberdade para que as procuradorias dos estados possam melhorar sua atuação em favor de toda a sociedade e, assim, buscando a promoção da constitucionalidade e da legalidade das políticas públicas emanadas do Poder Executivo.

Na época da Assembleia Constituinte de 1988, não se conferiu essa característica à recém-institucionalizada Advocacia de Estado, mas, da mesma forma como a Defensoria Pública tem sido constitucionalmente fortalecida ao longo dos anos, faz-se urgente que as procuradorias dos estados também o sejam, permitindo que seu fortalecimento contribua para a promoção da Justiça na sociedade brasileira.

Pode-se questionar sobre quais características fazem da Advocacia de Estado singular quando comparada com as demais funções essenciais à Justiça. Para isso, Binenbojm[13] pontua três principais elementos que a distinguem.

A saber, em *primeiro* lugar, ao procurador dos estados e do Distrito Federal abre-se a possibilidade de uma *atuação prévia*, ou seja, eles podem e devem atuar antes da formulação da política pública, zelando para que elas ocorram dentro de um contexto que permita a sustentabilidade jurídica da proposta.[14]

---

[13] BINENBOJM, Gustavo. O papel da Advocacia Pública na estabilidade jurídica e no desenvolvimento do país. *In*: PEDRA, Adriano Sant'Ana *et al.* (Coord.). *Advocacia Pública de Estado*: estudos comparativos nas democracias euro-americanas. Curitiba: Juruá, 2014. v. 1. p. 116-117.

[14] BINENBOJM, Gustavo. O papel da Advocacia Pública na estabilidade jurídica e no desenvolvimento do país. *In*: PEDRA, Adriano Sant'Ana *et al.* (Coord.). *Advocacia Pública de Estado*: estudos comparativos nas democracias euro-americanas. Curitiba: Juruá, 2014. v. 1.

Como *segunda* característica, ao advogado de estado cabe o exercício de seu múnus público de forma *sistêmica*, ou seja, ele possui uma visão de todo o sistema contribuindo para que a política pública seja elaborada considerando os diversos fatores incidentes como, além da visão jurídica, orçamento, quadro de pessoal, estrutura de material, efeitos colaterais das políticas públicas, entre outros elementos que permitem a construção de políticas mais efetivas e eficientes.[15]

A *terceira* característica que faz da Advocacia Pública única é a capacidade de uma *atuação proativa*, ou seja, os advogados de estado podem e devem atuar na prevenção de litígios, aconselhando medidas e recomentando soluções consensuais. Com isso, sua atuação está intimamente ligada com a garantia do cumprimento do princípio constitucional da eficiência. Para tanto, dotada de autonomia, a Advocacia de Estado deve contar com as portas dos palácios dos governos abertas para sua atuação em favor do ente público representado.[16]

A atuação do advogado de estado não é idêntica a dos advogados particulares, não podendo a Advocacia Pública se furtar de exercer seu dever constitucional de garantir que todas as políticas públicas sejam realizadas dentro dos ditames constitucionais em prol de toda a sociedade e não na defesa de interesses particulares dos governos.

Não se trata de dizer que a Advocacia Pública seja superior ou inferior às demais funções essenciais à Justiça, mas de se deixar claro que sua atuação é específica, não se confundindo com os papéis exercidos pelas demais instituições.

Nesse sentido, mais uma vez recorrendo às palavras do jurista Binenbojm,[17] os advogados de estado não podem exercer sua função pública com responsabilidade se tiverem que "negociar de joelhos com o governo".

---

[15] BINENBOJM, Gustavo. O papel da Advocacia Pública na estabilidade jurídica e no desenvolvimento do país. *In*: PEDRA, Adriano Sant'Ana *et al.* (Coord.). *Advocacia Pública de Estado*: estudos comparativos nas democracias euro-americanas. Curitiba: Juruá, 2014. v. 1.

[16] BINENBOJM, Gustavo. O papel da Advocacia Pública na estabilidade jurídica e no desenvolvimento do país. *In*: PEDRA, Adriano Sant'Ana *et al.* (Coord.). *Advocacia Pública de Estado*: estudos comparativos nas democracias euro-americanas. Curitiba: Juruá, 2014. v. 1.

[17] BINENBOJM, Gustavo. O papel da Advocacia Pública na estabilidade jurídica e no desenvolvimento do país. *In*: PEDRA, Adriano Sant'Ana *et al.* (Coord.). *Advocacia Pública de Estado*: estudos comparativos nas democracias euro-americanas. Curitiba: Juruá, 2014. v. 1. p. 118.

Neste início de trabalho, é importante delimitar que a pesquisa realizada não entende como sendo necessário conferir à Advocacia Pública todas as características inerentes ao Ministério Público. Longe desse intento, não se busca transformar as procuradorias dos estados e do Distrito Federal em novos ministérios públicos.

Não se entende como fundamental conferir, por exemplo, às procuradorias dos estados a inamovibilidade e a vitaliciedade presentes nos órgãos ministeriais. A ideia é, principalmente, conferir a autonomia funcional, administrativa e financeiro-orçamentária às procuradorias, da mesma forma como foi conferida às defensorias públicas, para que essa instituição possa autonomamente exercer seu encargo público conferido pela Constituição Federal.

Para tanto, o presente trabalho centra-se na autonomia funcional, administrativa e orçamentária da Advocacia de Estado e, para tanto, por meio da pesquisa na doutrina, nas leis e na jurisprudência, bem como em dados estatísticos produzidos por entidades com autoridade sobre o assunto, aborda diversas facetas dessa função essencial à Justiça.

Com isso, o livro inicia-se com uma abordagem histórica da Advocacia de Estado, partindo desde as origens quando se tratava de uma mera função exercida por um funcionário público, entre tantas outras funções conflitantes entre si, até se tornar um cargo público especializado, uma função essencial à Justiça, exercida por um servidor público encarregado unicamente dessa atividade.

Em seguida, a fim de se ter uma visão ampla sobre o assunto, é abordada a situação da Advocacia Pública em diversos países e em realidades distintas da encontrada no Brasil, objetivando analisar como ocorre a defesa dos interesses do Estado nesses locais. Isso ocorre sem intenções curiosas, mas sim investigativas para melhor se compreender o papel do procurador do estado dentro do ordenamento jurídico brasileiro.

Empós, é apresentada a conceituação de autonomia, sob diversos vieses, bem como produzida uma análise do assunto na jurisprudência da Suprema Corte brasileira, observando a situação institucional encontrada para o Ministério Público, para a Defensoria Pública e para a Advocacia Pública de Estado.

Feito esse apanhado jurisprudencial, apresenta-se a teoria dos poderes implícitos, levando à conclusão de que, seja por criação legislativa, seja por atuação do Poder Judiciário, a autonomia se mostra uma característica essencial para a atuação dos advogados de estado, a qual se pode entender como um poder inerente à sua função pública.

Dentro desse contexto, ao final, é apresentada uma conclusão contendo o resultado do entendimento construído e elaborado por meio da pesquisa realizada na produção deste trabalho, a fim de que a discussão teórica sobre o assunto avance, devendo-se, após mais de três décadas da elaboração da Constituição brasileira, garantir autonomia funcional, administrativa e orçamentária para a Advocacia de Estado.

Assim, animados por esse ideal, segue-se ao trabalho.

CAPÍTULO 1

HISTÓRICO DO ADVOGADO PÚBLICO: DA FUNÇÃO AO CARGO PÚBLICO ESPECIALIZADO

Para uma melhor compreensão de como se faz necessária a autonomia para o exercício do cargo de advogado público no Brasil, é importante entender como surgiu essa função dentro do ordenamento jurídico brasileiro.

Tendo sido o Brasil colonizado por portugueses, sendo uma colônia de exploração daquela corte, o advogado público surgiu como uma função dentro do próprio sistema jurídico português.

A partir disso, podem-se verificar três fases distintas[18] na história do Brasil. A primeira englobando o período colonial e imperial do Brasil, a segunda fase correspondendo do período republicano até a Constituição Federal de 1988, e, em seguida, o período após a Carta Magna de 1988 até os dias de hoje.

O *primeiro período*, portanto, vai do descobrimento do Brasil em 1500 até a Proclamação da República em 1889. Inicialmente, quando Portugal chegou às novas terras da colônia brasileira, vigoravam as Ordenações Afonsinas, em seguida as Ordenações Manuelinas e, por fim, as ordenações Filipinas.

---

[18] Essa divisão é feita por Guedes em coletânea de artigos publicada para o entendimento de questões institucionais relativas à Advocacia Pública (GUEDES, Jefferson Carús. Anotações sobre a história dos cargos e carreiras da Procuradoria e da advocacia pública no Brasil: começo e meio de uma longa construção. *In*: GUEDES, Jefferson Carús; MOESSA, Luciane (Coord.). *Advocacia de Estado*: questões institucionais para a construção de um Estado de justiça. Estudos em homenagem a Diogo de Figueiredo Moreira Neto e José Antonio Dias Toffoli. Belo Horizonte: Fórum, 2009. p. 335-361).

Interessante destacar que, no início dessa primeira fase, foi ocorrendo de forma paulatina a implantação da burocracia portuguesa no Brasil, sendo comum que um mesmo funcionário exercesse tanto as funções de defesa, quanto aquelas relacionadas com o julgamento dos feitos.[19]

Desde a primeira dessas mencionadas ordenações portuguesas, as quais foram feitas sob o comando do Rei Afonso V, Rei Manuel e Rei Felipe I de Portugal, aparece a função de procurador, a qual era denominada Procurador dos Nossos Feitos, *Procurador dos Noffos Feitos*, a qual deveria ser exercida por "Leterado, e bem entendido, pera faber efpertar, e allegar as coufas, e razooés, que a Noffos Direitos perteencem", segundo as Ordenações Afonsinas, Liv. 1, Tít. VIIII.[20]

Conforme as Ordenações Afonsinas, competia aos Procuradores dos Nossos Feitos as funções de defesa dos direitos e bens da Coroa, bem como a defesa da Justiça para as viúvas, os órfãos e as pessoas miseráveis, o que muito se assemelha com a função que hoje, no Brasil, compete às defensorias públicas.

Adiante, nas *Ordenaçoens do Senhor Rey D. Manuel*, as Ordenações Manuelinas, as quais são consideradas uma atualização das Ordenações Afonsinas, permanece a função do Procurador dos Nossos Feitos com funções semelhantes à anterior ordenação, com uma exceção adiante explicada.

Dentro das funções do Procurador dos Nossos Feitos, encontra-se, porém, uma ressalva em que o rei, com o intuito de evitar inconvenientes, sem maiores explicações de que inconvenientes seriam esses, limita a atuação do procurador ao mandar que ele não responda a citações que sejam feitas em nome da Coroa.[21]

---

[19] Nesse início, sendo poucos os que podiam exercer as funções públicas, era costumeiro haver o revezamento em que os procuradores, os juízes e os desembargadores alternavam entre si suas funções no caso das relações. Ver: GUEDES, Jefferson Carús. Anotações sobre a história dos cargos e carreiras da Procuradoria e da advocacia pública no Brasil: começo e meio de uma longa construção. *In*: GUEDES, Jefferson Carús; MOESSA, Luciane (Coord.). *Advocacia de Estado*: questões institucionais para a construção de um Estado de justiça. Estudos em homenagem a Diogo de Figueiredo Moreira Neto e José Antonio Dias Toffoli. Belo Horizonte: Fórum, 2009. p. 335-361.

[20] PORTUGAL. *Ordenações Afonsinas*. Coimbra: Real Imprensa da Universidade, 1792. v. 5. Disponível em: https://bd.camara.leg.br/bd/handle/bdcamara/20280. Acesso em: 27 abr. 2023.

[21] "E POR euitar muitos inconucnientes, Mandamos que o Noffo Procurador nom refponda a citaçam algũa, que lhe em Noffo Nome feja feita, pera começar nouamente feito contra ele, nem menos elle mande citar em Noffo Nome outra peffoa algũa, nem fe oponha, nem affifta a ninhuũ feito fem Noffo efpecial Mandado; e quando fouber que algũu feito fe

Outrossim, como adiantado, observa-se uma exceção nas funções do Procurador nas Ordenações Manuelinas quando comparadas com as Ordenações Afonsinas, a qual corresponde à criação de uma outra função responsável pela defesa da Justiça e das pessoas pobres, a saber, o Promotor de Justiça, *Prometor da Jufliça da Cafa da Sopricaçam*.

Observa-se nesse *Prometor da Jufliça* o antecedente do que viria a ser, no atual ordenamento brasileiro, o promotor de justiça e o defensor público.

Em continuidade, vieram as Ordenações Filipinas, as quais, segundo fontes históricas da Câmara dos Deputados do Brasil,[22] foram feitas pelo Rei Felipe II da Espanha, ou Felipe I de Portugal, durante o período da União Ibérica, tendo vigência no Brasil até a promulgação do primeiro Código Civil brasileiro, em 1916. Com isso, essas ordenações correspondem ao código que por mais tempo vigeu no Brasil.

Nessas ordenações, verifica-se uma divisão da função do procurador em três outros cargos, a saber: Procurador dos Feitos da Coroa, Procurador dos Feitos da Fazenda e Promotor de Justiça da Casa de Suplicação.

Essa divisão ainda não é semelhante à tripartição da advocacia pública *lato sensu* encontrada na atual Constituição do Brasil, em que se tem o procurador, o promotor e o defensor públicos.

Na verdade, a divisão encontrada nas Ordenações Filipinas traz semelhança com a divisão de cargos encontrada no nível federal do serviço público brasileiro, uma vez que, na atual conjuntura brasileira, tem-se o Advogado da União, o que corresponderia ao Procurador dos Feitos da Coroa; o Procurador da Fazenda Nacional, correspondente do Procurador dos Feitos da Fazenda; e o Procurador da República, correspondendo ao Promotor de Justiça da Casa de Suplicação.

Ainda quanto às Ordenações Filipinas, tem-se que as funções são muito semelhantes entre o Procurador dos Feitos da Coroa e o Procurador dos Feitos da Fazenda, sendo a diferença especificamente

---

trauta, ou lhe parecer que deue citar alguem por algũa coufa que Nos pertença, ele No-lo fará faber, pera Nós niffi Mandarmos o que ouuermos por Noffo Seruiço" (Liv. I, Tít. XI de PORTUGAL. *Ordenações Manuelinas*. Coimbra: Real Imprensa da Universidade, 1797. v. 5. Disponível em: https://bd.camara.leg.br/bd/handle/bdcamara/17841. Acesso em: 27 abr. 2023).

[22] CÂMARA DOS DEPUTADOS DO BRASIL. *Legislação portuguesa e primeiros textos legais referentes ao Brasil*. Disponível em: https://www2.camara.leg.br/a-camara/documentos-e-pesquisa/biblioteca/exposicoes-virtuais/exposicoes-virtuais-permanentes/legislacao-portuguesa-e-primeiros-textos-legais-referentes-ao-brasil. Acesso em: 27 abr. 2023.

na matéria tutelada. Com o Promotor de Justiça, resta, como já ocorria nas Ordenações Manuelinas, a defesa da Justiça.

É importante destacar que, nesse período, anterior às revoluções ocorridas no século XVIII, o aparato judicial existente não poderia ser identificado como um poder, sendo comum que os juízes exercessem funções para além daquelas relacionadas com o julgamento de casos, os quais também exerciam atividades de governo em âmbito administrativo.[23]

Ocorre que essa observação, no atual sistema judiciário brasileiro, não é incomum, uma vez que o Poder Judiciário exerce as típicas funções de julgamento, mas também, indiretamente, atua editando normas internas para organização desse poder, bem como executa atividades administrativas para o fiel cumprimento daquela função que lhe é típica, repise-se, a função de decidir/julgar.

Um marco desse primeiro período e que muito contribuiu para o amadurecimento do Judiciário na colônia portuguesa foi a instalação do primeiro tribunal no Brasil, a saber, o Tribunal de Relação da Bahia, o que ocorreu em 1609.

Com isso, os feitos poderiam ser julgados por um tribunal na própria colônia, não sendo necessário remetê-los para a Metrópole, o que passa a ser importante para o fortalecimento do incipiente Judiciário que surge no Brasil, mas que, com o fortalecimento da economia açucareira, passa a ser cada vez mais necessário para a condução dos negócios na colônia.

Em 1808, com a vinda da Família Real Portuguesa para o Brasil, o Rei D. João VI passa a fortalecer o Judiciário no Brasil a fim de evitar que os processos fossem enviados para julgamento em Portugal.

Nesse período dos primeiros tribunais no Brasil, Guedes[24] explica que as funções de Procurador dos Nossos Feitos, da Fazenda e do Fisco, bem como a de Promotor de Justiça, estavam todas atribuídas ao

---

[23] GUEDES, Jefferson Carús. Anotações sobre a história dos cargos e carreiras da Procuradoria e da advocacia pública no Brasil: começo e meio de uma longa construção. *In*: GUEDES, Jefferson Carús; MOESSA, Luciane (Coord.). *Advocacia de Estado*: questões institucionais para a construção de um Estado de justiça. Estudos em homenagem a Diogo de Figueiredo Moreira Neto e José Antonio Dias Toffoli. Belo Horizonte: Fórum, 2009. p. 341-342.

[24] GUEDES, Jefferson Carús. Anotações sobre a história dos cargos e carreiras da Procuradoria e da advocacia pública no Brasil: começo e meio de uma longa construção. *In*: GUEDES, Jefferson Carús; MOESSA, Luciane (Coord.). *Advocacia de Estado*: questões institucionais para a construção de um Estado de justiça. Estudos em homenagem a Diogo de Figueiredo Moreira Neto e José Antonio Dias Toffoli. Belo Horizonte: Fórum, 2009. p. 343-345.

mesmo cargo, sendo que, na Metrópole, eram cargos separados. Essa situação somente se altera com a vinda da Família Real para o Brasil, com a instalação da Casa da Suplicação.

Após esse breve apanhado da função de procurador na nascente colônia portuguesa, observa-se que foi se amadurecendo a compreensão desse cargo, com a delimitação de suas funções, sendo perceptível, porém, a falta de autonomia dos que exerciam esse encargo, sendo sempre associados com a defesa dos interesses dos *Nossos Feitos*.

Com razão, antes das revoluções do século XVIII, no período das monarquias absolutistas, o poder era centrado no rei, logo Estado, Coroa, Nossos Feitos, tudo estava encerrado no próprio rei. Portanto, a figura do procurador não era dotada de autonomia, estando sempre com suas atividades relacionadas aos interesses do monarca.

Dando prosseguimento nessa análise da figura do procurador na história do Brasil, com a independência do Brasil em 1822, tem-se a primeira Constituição brasileira, a saber, a *Constituição Politica do Imperio do Brazil*, de 25.3.1824.[25]

Nessa Constituição, o *Procurador da Corôa, e Soberania Nacional* aparece como o responsável pela acusação em juízo dos crimes, quando ocorresse o processo contra uma autoridade no Senado do Império.[26]

O *segundo período*, que vai da Proclamação da República em 1889 até a Constituição Federal de 1988, é marcado por diversas legislações em sentido *lato*, incluindo decretos e leis, tratando sobre competências e funções que são tipicamente dos atuais advogados de estado em sentido *stricto*, como se tem no contexto da Constituição de 1988.

No entanto, quando se compara com o período anterior, destaca-se a completa separação das funções de Advocacia de Estado daquelas

---

[25] Constituição de 1824: "Art. 48. No Juizo dos crimes, cuja accusação não pertence á Camara dos Deputados, accusará o Procurador da Corôa, e Soberania Nacional" (IMPÉRIO DO BRAZIL. *Constituição Política do Império do Brazil, de 25 de março de 1824*. Disponível em: https://www.planalto.gov.br/ccivil_03/constituicao/constituicao24.htm Acesso em: 24 maio 2023).

[26] Guedes explica que, no período imperial, a carreira de procurador cresceu, sendo criadas seções nas Relações do Império nas Províncias, com a presença desses procuradores da Coroa, Soberania e Fazenda Nacional nas Províncias (GUEDES, Jefferson Carús. Anotações sobre a história dos cargos e carreiras da Procuradoria e da advocacia pública no Brasil: começo e meio de uma longa construção. *In*: GUEDES, Jefferson Carús; MOESSA, Luciane (Coord.). *Advocacia de Estado*: questões institucionais para a construção de um Estado de justiça. Estudos em homenagem a Diogo de Figueiredo Moreira Neto e José Antonio Dias Toffoli. Belo Horizonte: Fórum, 2009. p. 346).

relacionadas com o julgamento das causas, atividade típica do Poder Judiciário.[27]

Vele lembrar que, no período colonial, por exemplo, em razão da limitação de funcionários capacitados para os assuntos jurídicos, era comum uma pessoa exercer diversas funções, desde aquelas de advogar quanto aquelas de julgar.

Nesse período, a defesa dos interesses do Estado ficou a cargo do Ministério Público, sendo, porém, criado, em 1903, o cargo de consultor-geral da República para responsabilizar-se pela consultoria das secretarias de estado.

A Lei nº 221, de 20.11.1894,[28] informa que, entre outras competências, cabe ao procurador da República, ou seja, ao membro do Ministério Público da União, a incumbência de representar os interesses e os direitos da União, incluindo-se, mas não somente, a promoção de processos executivos de cobrança da dívida ativa, bem como a realização de desapropriação por necessidade ou utilidade nacionais.

Como informado, dez anos depois, tem-se a criação da figura do consultor-geral da República,[29] ao qual competia realizar as consultas

---

[27] Nesse contexto, Guedes informa que a separação da função de Advocacia de Estado daquelas de juízes e desembargadores é a marca principal desse segundo período, embora, por certos momentos da República, o Ministério Público da União se situasse ora no Judiciário ora no Executivo (GUEDES, Jefferson Carús. Anotações sobre a história dos cargos e carreiras da Procuradoria e da advocacia pública no Brasil: começo e meio de uma longa construção. *In*: GUEDES, Jefferson Carús; MOESSA, Luciane (Coord.). *Advocacia de Estado*: questões institucionais para a construção de um Estado de justiça. Estudos em homenagem a Diogo de Figueiredo Moreira Neto e José Antonio Dias Toffoli. Belo Horizonte: Fórum, 2009. p. 347).

[28] "Art. 28. O procurador da Republica auxiliado pelos adjuntos, ajudantes e solicitadores, em sua respectiva secção, *representa os interesses e direitos da União*, quer no juizo seccional e no jury federal, em todas as causas da sua privativa competencia, quer perante as justiças locaes, no que interessar á Fazenda Nacional e á guarda e conservação daquelles direitos e interesses" (BRASIL. *Lei nº 221, de 20 de novembro de 1894*. Disponível em: https://www.planalto.gov.br/ccivil_03/leis/1851-1900/l0221-1894.htm. Acesso em: 28 maio 2023).

[29] "Art. 2º E' creado o logar de consultor geral da Republica, com o vencimento annual de quinze contos de réis, sendo dous terços de ordenado e um terço de gratificação. §1º Ao *consultor geral da Republica incumbe consultar ás Secretarias de Estado*, nos mesmos casos em que o fazia o procurador geral da Republica, *especialmente* sobre: a) extradicções; b) expulsão de estrangeiros; c) execução de sentenças de tribunal estrangeiro; d) autorizações de companhias estrangeiras para funccionarem na Republica; e) alienação, aforamento, locação, arrendamento de bens nacionaes; f) aposentadorias, reformas, jubilações, pensões, montepio dos funccionarios publicos federaes. §2º O consultor geral da Republica funccionará na Secretaria do Ministerio da Justiça e Negocios Interiores e terá a seu serviço um dos amanuenses da mesma repartição" (BRASIL. *Decreto nº 967, de 2 de janeiro de 1903*. Disponível em: https://www2.camara.leg.br/legin/fed/decret/1900-1909/decreto-967-2-janeiro-1903-584211-publicacaooriginal-106963-pl.html. Acesso em: 28 maio 2023).

jurídicas para as secretarias de estado em temas como extradição, aposentadorias entre outros.

Ademais, desde 1892, com a reorganização do Tesouro Federal, verifica-se também a possibilidade de o próprio Tesouro cobrar as dívidas ativas da União, sendo concedido aos procuradores da Fazenda Nacional a capacidade para atuarem judicialmente em nome da Fazenda Pública na cobrança da dívida pública.

Verificou-se, portanto, em matéria de cobrança da dívida ativa, desde cedo, a preocupação em especializar essa função para determinado cargo, o que ocorreu por meio do Decreto nº 1.166, de 17.12.1892[30], e do Decreto nº 1.220, de 17.1.1893,[31] segundo os quais a Fazenda Nacional seria representada nos juízos competentes por procuradores da Fazenda Pública Federal, os quais funcionam como advogados dessa Fazenda Nacional.

Durante esse momento republicano, em que o Brasil teve diversas constituições, bem como diversas legislações tratando da defesa e da consultoria jurídicas do próprio Estado, verifica-se a criação de cargos relacionados com a defesa dos interesses das autarquias, sendo criado em 1950 o cargo de procurador das autarquias federais, o qual passou a exercer funções de defesa da Administração indireta.

Em sua redação original, a Lei nº 2.123, de 1º.12.1953,[32] determinava que os procuradores das autarquias federais teriam as mesmas atribuições, impedimentos e prerrogativas dos membros do Ministério Público da União, sendo que os então existentes cargos ou funções de procurador, consultor jurídico, advogado, assistente jurídico, adjunto

---

[30] "Art. 4º O *Thesouro Federal*, sob a immediata, direcção do Ministerio da Fazenda, terá por encargo: [...] k) *Promover a cobrança da divida activa* em toda a União, perante o Juizo competente; l) Acompanhar e ter em dia, formando para isso a competente relação, o andamento das causas em que for interessada a Fazenda Publica Federal, por qualquer fórma; [...]" (BRASIL. *Decreto nº 1.166, de 17 de dezembro de 1892*. Disponível em: https://www2.camara.leg.br/legin/fed/decret/1824-1899/decreto-1166-17-dezembro-1892-523025-publicacaooriginal-1-pe.html. Acesso em: 28 maio 2023).

[31] "Art. 1º Para execução do art. 4º, lettras K e L e paragrapho unico, do decreto n. 1166, de 17 de dezembro de 1892, a *Fazenda Nacional, far-se-ha representar nos Juizos competentes por tres procuradores*, os quaes, sob a denominação de procuradores da Fazenda Publica Federal, funccionarão como advogados desta, servindo o seu titulo de nomeação de instrumento do mandato de que são investidos (decreto de 24 de julho de 1879)" (BRASIL. *Decreto nº 1.220, de 17 de janeiro de 1893*. Disponível em: https://www2.camara.leg.br/legin/fed/decret/1824-1899/decreto-1220-17-janeiro-1893-523033-publicacaooriginal-1-pe.html. Acesso em: 28 maio 2023).

[32] BRASIL. *Lei nº 2.123, de 1º de dezembro de 1953*. Disponível em: https://www.planalto.gov.br/ccivil_03/LEIS/1950-1969/L2123.htm. Acesso em: 28 maio 2023.

de consultor jurídico e assistente de procurador nas autarquias federais foram transformados em cargos de procurador das autarquias.

Quanto a esse período, em linhas gerais, trata-se de um momento marcado por diversas normas relacionadas ao assunto, com a definitiva separação das funções de defesa, de advocacia daquelas de julgamento, bem como com o Ministério Público exercendo as incumbências de defesa do Estado.

Em continuidade, chega-se ao *terceiro período* dessa análise da situação jurídica das funções de defesa dos interesses públicos, notadamente da Advocacia Pública, no Brasil, o qual é o que se inicia após a vigente Constituição Federal de 1988.

Desse momento histórico, o qual segue sendo elaborado e melhorado paulatinamente com o objetivo de tutelar os interesses de toda a sociedade de forma mais efetiva, tem-se três grandes mudanças, as quais são adiante apresentadas.

A primeira delas refere-se à categorização que a Constituição de 1988 deu para as funções essenciais à Justiça, como aquelas que, não sendo integrantes de determinado poder (Executivo, Legislativo e Judiciário), são atividades exercidas em prol da realização da Justiça na sociedade brasileira. Essas funções, sublinhe-se, são: o *Ministério Público*, a *Advocacia Pública*, a *Advocacia*, e a *Defensoria Pública*.

Dessa forma, tem-se o Ministério Público como instituição permanente da República brasileira, sendo a defesa da ordem jurídica, do regime democrático e dos interesses sociais e individuais indisponíveis competência dessa função.

Aos advogados públicos *stricto sensu* cabe a representação judicial do ente político a que pertencem e a consultoria jurídica desses mesmos entes.

Por seu turno, a Defensoria Pública apresenta-se como instituição também permanente, cabendo-lhe a orientação jurídica, a promoção dos direitos humanos e a defesa, em todos os graus, judicial e extrajudicial, dos direitos individuais e coletivos, de forma integral e gratuita, aos necessitados.

Uma segunda mudança encontrada na atual Constituição brasileira é a definitiva separação das funções de defesa dos interesses do Estado dos cargos do Ministério Público, sendo elas conferidas aos advogados públicos em nível federal.

A ressalva quanto ao nível federal se verifica, pois, nos estados federados, já se encontrava a defesa dos interesses da Fazenda Pública estadual como função dos procuradores de estado e não dos membros do Ministério Público estadual.

Outrossim, uma terceira mudança verificada é aquela em que se encontra a concentração das funções de defesa do Estado e de consultoria jurídica no mesmo cargo, a saber, no cargo de advogado público *stricto sensu*, voltando-se ao que se verificava nos períodos anteriores à República brasileira.

Oportuno, faz-se destacar as leis que instituíram/regulamentaram as procuradorias de cada estado federado a fim de se verificar o que se informou acima quanto ao fato de que muitos estados, antes mesmo da União Federal, já tinham separado as funções de defesa e consultoria jurídicas desses entes políticos daquelas exercidas pelos Ministérios Públicos estaduais.

Para tanto, segue listagem com leis de cada estado federado:

- *Acre* – Lei Estadual nº 639, de 12.4.1978;[33]
- *Alagoas* – Lei Estadual nº 4.233, de 30.12.1980;[34]
- *Amapá* – Lei Estadual Complementar nº 6, de 18.8.1994;[35]
- *Amazonas* – Lei Estadual nº 1.057, de 13.11.1972;[36]
- *Bahia* – Lei Estadual nº 2320, de 4.4.1966;[37]
- *Ceará* – Emenda à Constituição Estadual nº 6, de 30.12.1976;[38]
- *Espírito Santo* – Lei Estadual nº 2.296, de 17.7.1967;[39]

---

[33] ACRE. *Lei n. 639, de 12 de abril de 1978*. Disponível em: https://www.al.ac.leg.br/leis/?p=2027. Acesso em: 28 maio 2023.

[34] Informações retiradas do Portal da PGE de Alagoas, segundo o qual a Procuradoria daquele ente tem suas origens na restruturação da Consultoria-Geral de Alagoas em 1974. Para mais informações, consultar página do referido órgão (ALAGOAS. Procuradoria-Geral do Estado. *Institucional*. Disponível em: http://www.pge.al.gov.br/institucional. Acesso em: 28 maio 2023).

[35] AMAPÁ. *Lei complementar nº 0006, de 18 de agosto de 1994*. Disponível em: http://www.al.ap.gov.br/ver_texto_consolidado.php?iddocumento=165. Acesso em: 31 maio 2023.

[36] Essa é a lei que organizou a Procuradoria-Geral daquele estado, porém, desde o final do séc. XIX, já existia o cargo de procurador fiscal com o objetivo de cuidar dos interesses fiscais do estado. Para mais informações, consultar histórico da PGE AM em seu Portal (AMAZONAS. Procuradoria-Geral do Estado. *História*. Disponível em: http://www.pge.am.gov.br/institucional/historia/. Acesso em: 31 maio 2023).

[37] BAHIA. Procuradoria-Geral do Estado. *PGE comemora 40 anos*. Disponível em: https://www.pge.ba.gov.br/pge-comemora-40-anos/. Acesso em: 31 maio 2023.

[38] CEARÁ. Procuradoria-Geral do Estado. *Institucional*. Disponível em: https://www.pge.ce.gov.br/institucional/sobre/. Acesso em: 31 maio 2023.

[39] ESPÍRITO SANTO. Procuradoria-Geral do Estado. *História*. Disponível em: https://pge.es.gov.br/historia. Acesso em: 31 maio 2023.

- *Goiás* – Lei Estadual nº 5.550, de 11.11.1964;[40]
- *Maranhão* – Lei Estadual Delegada nº 39, de 28.11.1969;[41]
- *Mato Grosso* – Lei nº 3.030, de 21.5.1971;[42]
- *Mato Grosso do Sul* – Decreto-Lei Estadual nº 25, de 1º.1.1979;[43]
- *Minas Gerais* – Lei Estadual nº 7.900, de 23.12.1980;[44]
- *Pará* – Emenda à Constituição Estadual nº 18, de 11.5.1983;[45]
- *Paraíba* – Lei Estadual nº 3.648, de 8.2.1971;[46]
- *Paraná* – Emenda à Constituição Estadual nº 3, de 29.5.1971;[47]
- *Pernambuco* – Lei Complementar nº 2, de 20.8.1990;[48]
- *Piauí* – Lei Estadual nº 2.711, de 6.12.1965;[49]
- *Rio de Janeiro* – Decreto Estadual nº 4.710, de 4.4.1934;[50]
- *Rio Grande do Norte* – Lei Complementar nº 23, de 21.12.1979;[51]
- *Rio Grande do Sul* – Decreto Estadual nº 17.114, de 13.1.1965;[52]

---

[40] GOIÁS. Procuradoria-Geral do Estado. *Nossa história*. Disponível em: https://www.procuradoria.go.gov.br/a-procuradoria/nossa-hist%C3%B3ria.html. Acesso em: 31 maio 2023.

[41] MARANHÃO. Procuradoria-Geral do Estado. *Sobre a PGE*. Disponível em: https://www.pge.ma.gov.br/sobre-pge. Acesso em: 31 maio 2023.

[42] MATO GROSSO. Procuradoria-Geral do Estado. *Histórico*. Disponível em: https://www.pge.mt.gov.br/historico. Acesso em: 31 maio 2023.

[43] MATO GROSSO DO SUL. Procuradoria-Geral do Estado. *Histórico*. Disponível em: https://www.pge.ms.gov.br/contato/historico/. Acesso em: 31 maio 2023.

[44] Importante destacar que, segundo histórico de Minas Gerais, as origens remotas da AGE MG estão no antigo Serviço do Contencioso e de Consultas Jurídicas do Estado criado pelo Decreto nº 96, de 12.6.1935 (MINAS GERAIS. Advocacia-Geral do Estado. *Histórico*. Disponível em: https://advocaciageral.mg.gov.br/historico/. Acesso em: 31 maio 2023).

[45] PARÁ. Procuradoria-Geral do Estado. *Histórico*. Disponível em: https://pge.pa.gov.br/institucional/historico. Acesso em: 31 maio 2023.

[46] PARAÍBA. Procuradoria-Geral do Estado. *Lei nº 3648, de 8 de fevereiro de 1971*. Disponível em: http://201.18.100.18/portal/legislacao/3648_1971.pdf/view. Acesso em: 10 ago. 2023.

[47] PARANÁ. Governo do Estado. *PGE celebra 75 anos e lança revista comemorativa*. Disponível em: https://www.aen.pr.gov.br/Noticia/PGE-celebra-75-anos-e-lanca-revista-comemorativa. Acesso em: 10 ago. 2023.

[48] PERNAMBUCO. *Legislação do Estado de Pernambuco*. Disponível em: https://legis.alepe.pe.gov.br/texto.aspx?tiponorma=2&numero=2&complemento=0&ano=1990&tipo=&url=. Acesso em: 10 ago. 2023.

[49] PIAUÍ. Procuradoria-Geral do Estado. *História*. Disponível em: https://portal.pi.gov.br/pge/historia/. Acesso em: 10 ago. 2023.

[50] RIO DE JANEIRO. Procuradoria-Geral do Estado. *História*. Disponível em: https://pge.rj.gov.br/institucional/historia. Acesso em: 10 ago. 2023.

[51] RIO GRANDE DO NORTE. Procuradoria-Geral do Estado. *Lei Orgânica da PGE*. Disponível em: http://www.pge.rn.gov.br/Conteudo.asp?TRAN=ITEM&TARG=33971&ACT=&PAGE=&PARM=&LBL=NOT%CDCIA. Acesso em: 10 ago. 2023.

[52] RIO GRANDE DO SUL. Procuradoria-Geral do Estado. *Histórico* – Breve histórico da Advocacia Pública como função essencial à Justiça. Disponível em: https://www.pge.rs.gov.br/quem-somos. Acesso em: 10 ago. 2023.

- *Rondônia* – Lei Complementar nº 41, de 22.12.1981;[53]
- *Roraima* – Lei Complementar nº 71, de 18.12.2003;[54]
- *Santa Catarina* – Emenda Constitucional nº 16, de 28.6.1982;[55]
- *São Paulo* – Decreto-Lei nº 17.330, de 27.6.1947;[56]
- *Sergipe* – Lei Complementar nº 27, de 2.8.1996;[57]
- *Tocantins* – Lei Estadual nº 1, de 23.1.1989;[58]
- *Distrito Federal* – Lei Federal nº 4.545, de 10.12.1964.[59]

Nos estados, observa-se o que se verificou em nível federal, com a presença de pessoas incumbidas dos assuntos jurídicos nos entes subnacionais, geralmente, relacionando-se com a matéria fiscal. Ademais, concentravam-se as funções das atuais procuradorias-gerais na instituição do Ministério Público, ocorrendo a separação das funções como necessidade lógica para o aperfeiçoamento e a especialização das atividades de cada um desses cargos.

Ao sintetizar o que se verificou durante os últimos 500 anos da história jurídica do Brasil, Guedes[60] informa que se tem uma tendência lenta de especialização com a separação das funções que, durante o período colonial, eram todas exercidas por um mesmo cargo. Assim, Judiciário, Ministério Público, Advocacia Pública e Defensoria Pública eram atividades exercidas por um mesmo funcionário da Colônia portuguesa, o que, logicamente, dificultava o fiel exercício de cada uma

---

[53] RONDÔNIA. Procuradoria-Geral do Estado. *História*. Disponível em: https://pge.ro.gov.br/institucional/historia-da-instituicao/. Acesso em: 10 ago. 2023.

[54] RORAIMA, Procuradoria-Geral do Estado. "Procuradoria Geral de Roraima completa 19 anos". Disponível em: <https://portal.rr.gov.br/noticias/item/7888-procuradoria-geral-de-roraima-completa-19-anos>. Acesso em 10 de agosto de 2023.

[55] SANTA CATARINA. Procuradoria-Geral do Estado. *40 anos PGE/SC*: uma nova advocacia pública de Santa Catarina. Disponível em: https://www.pge.sc.gov.br/noticias/artigo-pge-40-anos/. Acesso em: 10 ago. 2023.

[56] SÃO PAULO. Procuradoria-Geral do Estado. *Histórico*. Disponível em: http://www.portal.pge.sp.gov.br/institucional/historico/. Acesso em: 10 ago. 2023.

[57] SERGIPE. Procuradoria-Geral do Estado. *Legislações*. Disponível em: https://www.pge.se.gov.br/wp-content/uploads/2017/05/LEI-COMPLEMENTAR-N-27_final.pdf. Acesso em: 17 ago. 2023.

[58] TOCANTINS. Procuradoria-Geral do Estado. *História*. Disponível em: https://www.to.gov.br/pge/historia/468d11gcjxtc. Acesso em: 17 ago. 2023.

[59] BRASIL. Presidência da República. *Lei Federal nº 4.545, de 10 de dezembro de 1964*. Disponível em: http://www.planalto.gov.br/ccivil_03/leis/l4545.htm. Acesso em: 17 ago. 2023.

[60] GUEDES, Jefferson Carús. Anotações sobre a história dos cargos e carreiras da Procuradoria e da advocacia pública no Brasil: começo e meio de uma longa construção. *In*: GUEDES, Jefferson Carús; MOESSA, Luciane (Coord.). *Advocacia de Estado*: questões institucionais para a construção de um Estado de justiça. Estudos em homenagem a Diogo de Figueiredo Moreira Neto e José Antonio Dias Toffoli. Belo Horizonte: Fórum, 2009. p. 358.

dessas funções, diante da concentração e da falta de referência para o que seria exatamente a ação/medida/providência a ser tomada pela mesma pessoa.

Outrossim, essa concentração facilitava a interferência do poder monárquico em todas essas funções, fazendo com que elas não fossem dotadas da necessária autonomia para o exercício pleno dessas atividades judiciais.

Com razão, não se verificava autonomia política e orçamentária na condução das atividades dessas instituições, o que somente foi conquistado aos poucos, sendo a Constituição de 1988 o marco para a necessária autonomia dessas funções.

Afastando-se de uma ideia romantizada da história em que o que se tem hoje seria melhor do que o verificado antes, entende-se que, tratando-se da Advocacia dos estados e do Distrito Federal, verificou-se uma evolução no sentido de melhorar a especificidade das atividades realizadas dentro do estado com a separação dos encargos inerentes ao Ministério Público, à Advocacia Pública e à Defensoria Pública.

Apesar dos avanços verificados na especialização e separação das funções, os procuradores dos estados ainda não são dotados da autonomia necessária para que sua atividade ocorra sem interferências, objetivando unicamente a justiça, a democracia e o bem de toda a sociedade.

CAPÍTULO 2

DA SITUAÇÃO DO ADVOGADO PÚBLICO EM OUTROS PAÍSES: COMPARAÇÕES DO ESTADO DA COISA

Com o objetivo de se ter uma visão ampliada sobre a atuação do advogado público, segue exposição argumentativa referente ao exercício dessa função em outros países. Para tanto, busca-se fazer uma análise de como se encontra a função do advogado público de estado nos sistemas jurídicos romano-germânicos e da *common law*, apresentando, ao final, alguns traços nos sistemas jurídicos socialistas.

Historicamente, a família romano-germânica está relacionada com o antigo direito romano, tendo se espalhado não somente pela Europa, mas para além, encontrando-se ordenamentos jurídicos com forte influência dessa família na América Latina, na África, no Japão, entre outros locais.

David[61] explica que o avanço dessa família pelo mundo deveu-se, em parte, à utilização da técnica jurídica das codificações, o que facilitou a adesão ao sistema jurídico romano-germânico.

Dentro dessa família, pode-se inserir inclusive o Brasil, como decorrência da colonização portuguesa, de onde veio a tradição dos códigos de leis para regular o direito na então colônia nascente.

Pontue-se, a lei em sentido *lato* é muito importante dentro do ordenamento jurídico brasileiro, sendo verificada, porém, uma notória valorização da jurisprudência nos últimos anos, o que se observa na

---

[61] DAVID, René. *Os grandes sistemas do direito contemporâneo*. São Paulo: Martins Fontes, 2002. p. 33-34.

importância dos precedentes judiciais dentro do Código de Processo Civil de 2015.

Na França, país inserido na família romano-germânica, surgem os procuradores do rei em 1302, os quais eram responsáveis pela defesa dos interesses do Estado, sendo esses interesses confundidos com os do próprio rei. A eles também cabiam funções de denúncia e perseguição de criminosos, o que muito se assemelha àquelas inerentes ao atual Ministério Público brasileiro.[62]

Na França, a magistratura é formada pelos que julgam, o que seria como os juízes no Brasil, bem como pelos que requerem o direito, o *parquet*, semelhantes ao Ministério Público brasileiro. O *Parquet* francês está subordinado hierarquicamente ao Ministério da Justiça do Governo Francês, podendo sofrer, portanto, sanções disciplinares do próprio Governo.[63]

Verifica-se, portanto, que, no caso francês, o Ministério Público, a quem compete também a defesa de determinados interesses do governo, apesar de ser dotado de independência funcional, encontra-se, de certo modo, subordinado ao Poder Executivo, não se podendo falar em autonomia plena.

Dentro da família romano-germânica, saindo da Europa, partindo para a América Latina, é comum verificar que o Ministério Público ainda, costumeiramente, exerce o duplo papel de representar os interesses do Estado e os da sociedade.[64]

Partindo para uma breve análise da família da *common law*, especificamente no que tange àquelas funções responsáveis pela defesa dos interesses do Estado, o que corresponderia aos procuradores do Estado, deve-se considerar que os países ligados a essa tradição possuem uma

---

[62] GRANDE JÚNIOR, Cláudio. Advocacia pública: estudo classificatório de direito comparado. *In*: GUEDES, Jefferson Carús; MOESSA, Luciane (Coord.). *Advocacia de Estado*: questões institucionais para a construção de um Estado de justiça. Estudos em homenagem a Diogo de Figueiredo Moreira Neto e José Antonio Dias Toffoli. Belo Horizonte: Fórum, 2009. p. 82-83.

[63] VERGOTTINI, Giuseppe de. *Derecho constitucional comparado*. Tradução de Claudia Herrera. México: Universidad Nacional Autónoma de México, 1994. p. 285-286. Disponível em: http://ru.juridicas.unam.mx/xmlui/handle/123456789/10408.

[64] Para outras informações com as devidas particularidades de alguns países da América Latina, conferir o seguinte artigo: GRANDE JÚNIOR, Cláudio. Advocacia pública: estudo classificatório de direito comparado. *In*: GUEDES, Jefferson Carús; MOESSA, Luciane (Coord.). *Advocacia de Estado*: questões institucionais para a construção de um Estado de justiça. Estudos em homenagem a Diogo de Figueiredo Moreira Neto e José Antonio Dias Toffoli. Belo Horizonte: Fórum, 2009. p. 84.

forte valorização da jurisprudência, sendo, inclusive uma das fontes desse direito.

Dentro desse sistema, devem ser analisados os regramentos quanto à matéria na Inglaterra e nos Estados Unidos, principais expoentes da *common law*.

Iniciando pela Inglaterra, verifica-se que as funções relacionadas com o Ministério Público são exercidas por juristas da própria Coroa. Com efeito, os *Law Officers of the Crown* são os responsáveis por exercer funções típicas do Ministério Público e da Advocacia Pública brasileiros, atuando, ademais, como representantes dos governos do Reino Unido e dos demais Estados que compõem a *Commonwealth*.[65]

Por outro lado, nos Estados Unidos, apesar de serem inseridos na família *common law*, verifica-se uma forte expressão do direito legislado, sendo grande a importância da Constituição dentro do ordenamento norte-americano. No Poder Executivo estadunidense, encontram-se pessoas exercendo a função de Ministério Público, mas no sentido abrangente, envolvendo, inclusive, a defesa dos interesses do próprio Estado.[66]

Assim, as procuradorias-gerais dos Estados Unidos, *Attorney General Office*, detêm diversas funções, o que inclui aquelas que, no Brasil, são típicas do Ministério Público, como as relacionadas com a Advocacia Pública.[67]

No *common law*, tanto nos Estados Unidos, quanto na Inglaterra, as atribuições de defesa dos interesses da sociedade e dos interesses do Estado/Coroa são exercidas por um mesmo cargo, sendo forte a influência política que seus titulares sofrem do governo.

É importante destacar que, nos Estados Unidos, por exemplo, apesar da influência política exercida sobre os denominados *Attorney*

---

[65] GRANDE JÚNIOR, Cláudio. Advocacia pública: estudo classificatório de direito comparado. *In*: GUEDES, Jefferson Carús; MOESSA, Luciane (Coord.). *Advocacia de Estado*: questões institucionais para a construção de um Estado de justiça. Estudos em homenagem a Diogo de Figueiredo Moreira Neto e José Antonio Dias Toffoli. Belo Horizonte: Fórum, 2009. p. 75.

[66] GRANDE JÚNIOR, Cláudio. Advocacia pública: estudo classificatório de direito comparado. *In*: GUEDES, Jefferson Carús; MOESSA, Luciane (Coord.). *Advocacia de Estado*: questões institucionais para a construção de um Estado de justiça. Estudos em homenagem a Diogo de Figueiredo Moreira Neto e José Antonio Dias Toffoli. Belo Horizonte: Fórum, 2009. p. 77-78.

[67] GRANDE JÚNIOR, Cláudio. Advocacia pública: estudo classificatório de direito comparado. *In*: GUEDES, Jefferson Carús; MOESSA, Luciane (Coord.). *Advocacia de Estado*: questões institucionais para a construção de um Estado de justiça. Estudos em homenagem a Diogo de Figueiredo Moreira Neto e José Antonio Dias Toffoli. Belo Horizonte: Fórum, 2009.

General Office, essas procuradorias-gerais possuem autonomia em sua atuação, ou seja, tanto as funções que, no Brasil, pertencem ao Ministério Público, quanto aquelas inerentes à Advocacia de Estado, são dotadas de autonomia.

Logo, não há motivos para, no caso brasileiro, conferir autonomia apenas aos órgãos ministeriais, quando, na verdade, deve haver autonomia na atuação do Ministério Público, das Defensorias Públicas e das Advocacias de Estado.

Verifica-se que a situação encontrada no Brasil é singular, pois, em países reconhecidos como exemplos de democracia, não se tem a divisão e a especificidade das funções verificadas em instituições brasileiras como o Ministério Público e as procuradorias dos estados.

Antes de encerrar o presente tópico, faz-se interessante apresentar algumas nuances de como funciona a função do advogado público no sistema jurídico socialista.

De início, esse sistema foi fortemente influenciado pela União Soviética, recebendo características desse período. Na origem,[68] porém, pode-se encontrar uma tribo oriunda da Escandinávia que, no ano de 862, estabelece domínio na Rússia, convertendo-se ao cristianismo em 989. Desse período, surgem os primeiros escritos contendo os costumes daquele povo.

Dando um salto histórico de quase mil anos, não por se desprezar a história vivida nesse período, mas por não ser a intenção deste trabalho o aprofundamento nessa realidade, esse sistema passa a ser conduzido pela teoria marxista-leninista, com sua concepção de sociedade, devendo o direito ser um instrumento para auxiliar na implantação do regime comunista.

A Rússia não teve uma forte tradição jurídica, sendo as leis tidas como algo originário do arbítrio de um monarca. Em seguida, o sistema jurídico, bem como as demais estruturas sociais, deve ser tido como uma forma de auxiliar na implantação do regime socialista para, ao fim, ocorrer a realização do comunismo.[69]

---

[68] Para maiores informações sobre esse período e toda sua história até o período soviético, consultar a obra de David. DAVID, René. *Os grandes sistemas do direito contemporâneo*. São Paulo: Martins Fontes, 2002. p. 182 e ss.

[69] GRANDE JÚNIOR, Cláudio. Advocacia pública: estudo classificatório de direito comparado. *In*: GUEDES, Jefferson Carús; MOESSA, Luciane (Coord.). *Advocacia de Estado*: questões institucionais para a construção de um Estado de justiça. Estudos em homenagem a Diogo de Figueiredo Moreira Neto e José Antonio Dias Toffoli. Belo Horizonte: Fórum, 2009. p. 79 e ss.

Nesse sistema, a procuradoria-geral tem forte papel, por ser responsável pela aplicação da lei e pela fiscalização dos órgãos administrativos, tendo uma atuação ampla, uma vez que o juiz tinha reduzido seu papel. Assim, pode-se verificar que as *Prokuraturas* soviéticas influenciaram no aumento das funções, bem como na autonomia conferida ao Ministério Público na Constituição brasileira de 1988, incentivando ainda que a Advocacia Pública realizasse o controle jurídico interno da própria Administração.[70]

Após essa incursão pelos ordenamentos jurídicos de alguns países, observa-se que o Brasil, após a promulgação da Constituição de 1988, avançou no sentido da especialização das funções da advocacia pública *lato sensu* com a delimitação do Ministério Público, da Advocacia Pública em sentido estrito, e da Defensoria Pública.

A realidade das instituições de Estado encontrada no Brasil foi se adequando ao contexto social brasileiro, sendo necessária essa divisão das funções como uma forma de melhor controlar a atividade governamental. Interessante notar que essa realidade não pode ser transplantada para outro sistema, como o dos Estados Unidos, tendo cada país as suas peculiaridades.

Nos Estados Unidos, por exemplo, há um sistema com menos separação dessas funções consideradas essenciais à Justiça e que tem funcionado naquele contexto.

No Brasil, o poder central conferido à União Federal, decorrente daquele poder monárquico oriundo da colonização portuguesa, foi, de certa forma, descentralizado por meio da criação de outros entes federados, como os estados e os municípios.

Nos Estados Unidos, por outro lado, o poder descentralizado das colônias inglesas teve uma parcela centralizada na figura da União com o nascimento da federação estadunidense.

Verifica-se, assim, um movimento de descentralização do poder para os estados federados na construção do Brasil e, por outro lado, nos Estados Unidos, uma transferência de parcela dos poderes dos estados federados para a União.

Essa distinção existente entre essas diversas realidades pode ser entendida como uma das razões pelas quais, no Brasil, ao longo de

---

[70] GRANDE JÚNIOR, Cláudio. Advocacia pública: estudo classificatório de direito comparado. *In*: GUEDES, Jefferson Carús; MOESSA, Luciane (Coord.). *Advocacia de Estado*: questões institucionais para a construção de um Estado de justiça. Estudos em homenagem a Diogo de Figueiredo Moreira Neto e José Antonio Dias Toffoli. Belo Horizonte: Fórum, 2009.

sua história, desenvolveu-se uma especialização das funções, com a separação das atividades inerentes ao Ministério Público, à Defensoria Pública e à Advocacia de Estado.

No entanto, é necessário que o avanço continue no sentido de se conferir autonomia para as carreiras das procuradorias de estado, como única instituição essencial à Justiça que ainda não possui essa característica.

Como será devidamente trabalhado no próximo tópico, essa é uma necessidade tendo em vista o melhor exercício das funções inerentes ao procurador de estado, os quais devem defender os interesses do Estado.

CAPÍTULO 3

DA CONCEITUAÇÃO DE AUTONOMIA E DA SUA ANÁLISE NA JURISPRUDÊNCIA DA SUPREMA CORTE BRASILEIRA NAS FUNÇÕES DO MINISTÉRIO PÚBLICO, DA DEFENSORIA PÚBLICA E DA ADVOCACIA DE ESTADO

Como vem sendo apresentado, a Advocacia Pública brasileira precisa ter sua autonomia reconhecida para o fiel cumprimento de seu papel constitucional na defesa das instituições democráticas de direito no país.

Essa autonomia, porém, precisa ter seu conceito definido para uma melhor compreensão do que se faz necessário e o motivo dessa necessidade no contexto das procuradorias de estado.

Deve-se entender, porém, que o conceito de autonomia só pode ser construído de forma genérica, como uma margem limitada de liberdade para atuação conferida pelo próprio ordenamento jurídico a pessoas públicas ou privadas.[71]

Partindo da etimologia da palavra, autonomia origina-se do grego, significando própria (*auto*) + lei (*nomos*), ou seja, algo autônomo é aquilo que rege-se pelas próprias leis. Do dicionário, retiram-se

---

[71] Nesse sentido: "O conceito de autonomia só pode ser elaborado, em termos genéricos, como a margem limitada de liberdade de atuação conferida pelo ordenamento jurídico a pessoas públicas ou privadas. Segundo o âmbito de liberdade concretamente definido pelo direito positivo, o sentido do termo pode sofrer grande variação. Um conceito de autonomia mais rigoroso e definido só pode ser alcançado em função desta ou daquela autonomia específica, tal como juridicamente positivada" (ARAGÃO, A. S. de. Administração pública pluricêntrica. *R. Dir. Proc. Geral*, Rio de Janeiro, v. 54, 2001. p. 25).

diversos significados, podendo ser entendido como a capacidade de autogovernar-se ou, no significado que mais interessa ao presente livro, como uma faculdade própria de algumas instituições quanto à decisão sobre organização e normas de comportamento.[72]

Interessante verificar que, saindo da sociedade para o indivíduo, tem-se que o ser humano não nasce autônomo, mas vai, no decorrer da vida, ganhando autonomia.[73] Da mesma forma, as instituições abordadas no presente trabalho não surgiram dotadas de autonomia, mas receberam essa característica no decorrer do tempo, restando, porém, ser conferida a necessária autonomia para a Advocacia Pública.

Esse conceito, porém, aparece nas mais diversas ciências, como nas ciências políticas que considera a liberdade como a possibilidade de agir em prol da confirmação da autonomia.[74] Com isso, adaptando ao tema ora apresentado, uma instituição é livre na medida em que pode agir com liberdade para confirmar sua autonomia.

Ademais, do âmbito da filosofia, retiram-se outras características importantes para o que vem a ser a autonomia. Com efeito, a autonomia relaciona-se com a liberdade de agir, confirmando a capacidade de fazer as próprias regras, mas isso não quer dizer que se trata de um poder ilimitado, nem é o mesmo que autossuficiente.[75]

---

[72] AUTONOMIA. *In*: MICHAELIS: Dicionário Brasileiro da Língua Portuguesa. São Paulo: Melhoramentos, 2023. Disponível em: https://michaelis.uol.com.br/moderno-portugues/busca/portugues-brasileiro/autonomia/. Acesso em: 6 jun. 2023.

[73] "Embora seja praticamente um consenso que a autonomia é um direito inerente à espécie humana; um direito intimamente relacionado com a liberdade; um direito natural, fundamental, constitucional; *o ser humano não nasce autônomo, na medida em que não pode governar-se por si mesmo quando nasce, ou desde o nascimento*. Aliás, uma característica da espécie humana é justamente a (longa) dependência dos descendentes aos ascendentes" (SÁ, L. V.; OLIVEIRA, R. A. de. Autonomia: uma abordagem interdisciplinar. *Saúde Ética & Justiça*, v. 12, n. 1-2, p. 5-14, 2007. p. 8. DOI: 10.11606/issn.2317-2770.v12i1-2p5-14. Disponível em: https://www.revistas.usp.br/sej/article/view/44280. Acesso em: 1º ago. 2023).

[74] Com base no conceito de *liberdade* retirado do *Dicionário de Conceitos Políticos* do Instituto do Legislativo Paulista, segundo o qual, "Utilizando-se a perspectiva da história das mentalidades no Ocidente, é permitido conceber liberdade como o processo contínuo de autodeterminação dos indivíduos em termos de crenças, opiniões e escolhas, bem como seus efeitos na esfera pública mediante o acesso às instituições, sem riscos vitais para quem age livremente ou para outrem. Dito de outro modo, liberdade é agir, nas dimensões pública e privada, em prol da confirmação da autonomia e da preservação físico-psíquica tanto do próprio indivíduo quanto do grupo que ele integra" (ORTEGA, Any; SILVA, Stanley Plácido da Rosa. *Dicionário de conceitos políticos*. São Paulo: Instituto do Legislativo Paulista – Alesp, 2020. p. 96 e ss. Disponível em: https://www.al.sp.gov.br/repositorio/bibliotecaDigital/24369_arquivo.pdf. Acesso em: 21 ago. 2023).

[75] ZATTI, Vicente. *Autonomia e educação em Immanuel Kant & Paulo Freire*. Porto Alegre: Edipucrs, 2007. p. 12 e ss. Disponível em: https://ebooks.pucrs.br/edipucrs/acessolivre/livros/autonomiaeeducacao.pdf. Acesso em: 21 ago. 2023.

Aliás, o contrário de autonomia é heteronomia, ou seja, quando as normas se originam de um terceiro (*hetero*). Outrossim, deve-se considerar que o conceito de autonomia possui significados diferentes conforme o tempo que se esteja analisando.[76]

No âmbito jurídico, pode-se falar em autonomia em diversos ramos, como a autonomia da vontade no direito privado, a autonomia no contexto dos títulos de créditos, bem como a autonomia na seara do direito administrativo.

Com isso, pode ser entendida desde aquela autonomia para fazer negócios jurídicos no âmbito civil, como também a autonomia político-financeira dos entes públicos na seara do direito administrativo.

Ao se pesquisar sobre a autonomia na jurisprudência brasileira, especificamente no âmbito dos tribunais superiores, delimitando a pesquisa quanto aos temas mais relevantes sobre o assunto e relativos às funções essenciais à Justiça, encontram-se os seguintes casos, os quais serão adiante explorados.

Da *autonomia do Ministério Público* no Supremo Tribunal Federal, no caso, não sendo encontrados acórdãos em repercussão geral, são apresentados os seguintes julgados relevantes para a compreensão do tema, incluindo alguns em sede de controle concentrado de constitucionalidade.

Em caso particular proposto perante o Supremo Tribunal Federal por meio de mandado de segurança, MS nº 28.408/DF,[77] decidiu-se que, no âmbito do Ministério Público, o Conselho Nacional do Ministério Público deve zelar pela *autonomia funcional* do Ministério Público, conforme dispõe o inc. I do §2º do art. 130-A da Constituição da República.

---

[76] ZATTI, Vicente. *Autonomia e educação em Immanuel Kant & Paulo Freire*. Porto Alegre: Edipucrs, 2007. p. 12 e ss. Disponível em: https://ebooks.pucrs.br/edipucrs/acessolivre/livros/autonomiaeeducacao.pdf. Acesso em: 21 ago. 2023. Para uma compreensão do conceito de autonomia segundo diversos autores e diferentes épocas, recomenda-se a leitura do Capítulo 1 da obra de Zatti.

[77] "MANDADO DE SEGURANÇA. REPRESENTAÇÃO PARA PRESERVAÇÃO DA AUTONOMIA DO MINISTÉRIO PÚBLICO. COMPETÊNCIA DO CONSELHO NACIONAL DO MINISTÉRIO PÚBLICO ESTABELECIDA NO ART. 130-A, INC. I, §2º, DA CONSTITUIÇÃO DA REPÚBLICA. SEGURANÇA DENEGADA. 1. A *independência funcional garantida ao Impetrante pelo art. 127, §1º, da Constituição da República não é irrestrita*, pois o membro do Ministério Público deve respeito à Constituição da República e às leis. 2. *Compete ao Conselho Nacional do Ministério Público zelar pela autonomia funcional do Ministério Público, conforme dispõe o inc. I do §2º do art. 130-A da Constituição da República*. 3. Segurança denegada" (BRASIL. Supremo Tribunal Federal (Segunda Turma). Mandado de Segurança 28408. Rel. Cármen Lúcia, j. 18.03.2014. Acórdão eletrônico. DJe, 114, divulg. 12.06.2014, public. 13.06.2014. Disponível em: https://portal.stf.jus.br/processos/detalhe.asp?incidente=3791052. Acesso em: 10 set. 2023).

Nesse julgado, tem-se o tema da autonomia funcional dessa função essencial à Justiça, cuja base é constitucional, especificamente no art. 127, §2º, da Constituição da República.[78]

Aliás, a Constituição Federal apresenta como princípios institucionais do Ministério Público a unidade, a indivisibilidade e a *independência funcional*.

A independência funcional dos integrantes do Ministério Público, porém, não é irrestrita, conforme entende a Suprema Corte, devendo os promotores de Justiça respeitarem a Constituição da República e as leis.

Com razão, com a função de defender a correta aplicação da Justiça, os integrantes dessa carreira de Estado devem zelar pelo respeito a todo o ordenamento jurídico, o que lhes garante autoridade na persecução da justiça em prol dos interesses da sociedade.

Com isso, a doutrina explica que, quando se fala no exercício da atividade-fim, os integrantes do Ministério Público possuem liberdade para atuar na defesa da justiça na sociedade, não ficando sujeitos a determinações superiores, devendo, como já indicado, subordinarem-se, logicamente, à Constituição e às leis.[79]

Pode-se pensar em também conferir autonomia funcional à Advocacia Pública, garantindo que seus integrantes, com uma base constitucional, tenham garantido o exercício de seu múnus público de forma autônoma perante os poderes do Estado, notadamente o Executivo, observando as normas constitucionais e infraconstitucionais, sem afastar-se de seu objetivo de defender os interesses do Estado com vistas últimas aos interesses de todo o povo que compõe a unidade federativa que representam.

Ainda com base na decisão analisada, verifica-se que, tendo como fundamento a própria Constituição, tendo sido incluído por meio da Emenda Constitucional nº 45, de 30.12.2004, foi instituído o Conselho Nacional do Ministério Público, cabendo-lhe, em linhas gerais, o controle

---

[78] CF/88: "Art. 127. O Ministério Público é instituição permanente, essencial à função jurisdicional do Estado, incumbindo-lhe a defesa da ordem jurídica, do regime democrático e dos interesses sociais e individuais indisponíveis. [...] §2º *Ao Ministério Público é assegurada autonomia funcional* e *administrativa*, podendo, observado o disposto no art. 169, propor ao Poder Legislativo a criação e extinção de seus cargos e serviços auxiliares, provendo-os por concurso público de provas ou de provas e títulos, a política remuneratória e os planos de carreira; a lei disporá sobre sua organização e funcionamento".

[79] SILVA, José Afonso da. *Comentário contextual à Constituição*. 5. ed. São Paulo: Malheiros, 2008. p. 596.

da atuação administrativa e financeira do Ministério Público e do cumprimento dos deveres funcionais de seus membros.

Adiante, analisando julgamento da Suprema Corte em sede de ação civil originária (ACO nº 1.936 AGR/DF),[80] verifica-se entendimento no sentido de que o mencionado Conselho Nacional do Ministério Público detém competência para, no âmbito de concurso público realizado para seleção de candidatos a vagas de procurador da República, anular questões do referido concurso.

Trata-se de tema recorrente no Judiciário brasileiro, em que se discute até que ponto pode o Judiciário entrar na análise de questões de concursos públicos, o que se limita ao exame da legalidade do certame, não entrando no mérito das questões.

---

[80] "Ementa: AGRAVO REGIMENTAL NA AÇÃO CIVIL ORIGINÁRIA. *PEDIDO DE REVISÃO DE DECISÃO DO MINISTÉRIO PÚBLICO QUE ANULOU QUESTÃO DE PROVA OBJETIVA DO CONCURSO PARA PROCURADOR DA REPÚBLICA. IMPOSSIBILIDADE JURÍDICA. AUTOTUTELA ADMINISTRATIVA (SÚMULA Nº 473 DO STF). INDEPENDÊNCIA E AUTONOMIA DO MINISTÉRIO PÚBLICO (ART. 127, §2º, DA CRFB). CONSELHO NACIONAL DO MINISTÉRIO PÚBLICO COMO ÓRGÃO DO PARQUET.* IMPOSSIBILIDADE DE INCURSÃO NO MÉRITO ADMINISTRATIVO RELATIVO AOS CRITÉRIOS UTILIZADOS PELO MINISTÉRIO PÚBLICO PARA ANULAR A QUESTÃO. ILEGITIMIDADE AD CAUSAM DA AUTORA PARA POSTULAR EM NOME DOS CANDIDATOS SUPOSTAMENTE PRETERIDOS. INEXISTÊNCIA DO INTERESSE DE AGIR. INCOMPETÊNCIA ORIGINÁRIA DO SUPREMO TRIBUNAL FEDERAL PARA CONHECER E JULGAR AÇÕES NÃO MANDAMENTAIS EM FACE DO CONSELHO NACIONAL DO MINISTÉRIO PÚBLICO. CONFUSÃO ENTRE OS POLOS ATIVO E PASSIVO DA DEMANDA. AGRAVO REGIMENTAL A QUE SE NEGA PROVIMENTO. 1. A jurisprudência do Supremo Tribunal Federal entende, em regra, como insindicável judicialmente a controvérsia atinente a critérios de correção de questões de concurso público, sob pena de o Poder Judiciário substituir-se à banca examinadora de concurso público. 2. *O Ministério Público, embora não detenha personalidade jurídica própria, é órgão vocacionado à preservação dos valores constitucionais, dotado de autonomia financeira, administrativa e institucional que lhe conferem a capacidade ativa para a tutela da sociedade e de seus próprios interesses em juízo, sendo descabida a atuação da União em defesa dessa instituição.* 3. Inexiste interesse de agir quando não caracterizada a necessidade de controle jurisdicional do mérito administrativo. 4. Não atrai a competência originária do Supremo Tribunal Federal prevista no art. 102, I, r, da Constituição Federal a ação ordinária proposta em face do Conselho Superior do Ministério Público. Precedente: AO 1.814-QO, rel. Min. Marco Aurélio, Tribunal Pleno, DJe de 03/12/2014. 5. In casu, cuida-se de ação originariamente proposta pela União em face do Conselho Nacional do Ministério Público. A propositura de ação não mandamental em face do Conselho Nacional do Ministério Público tem o condão de situar no polo passivo a União, ente a quem se atribui o ato que se pretende combater, situação que caracteriza a confusão entre os polos ativo e passivo, atraindo a incidência do art. 267, IX, do CPC. 6. Agravo regimental a que se nega provimento" (BRASIL. Supremo Tribunal Federal (Primeira Turma). Ação Cível Originária 1936 Agravo Regimental. Rel. Luiz Fux, j. 28.04.2015. Processo eletrônico. *DJe*, 099, divulg. 26.05.2015, public. 27.05.2015. Disponível em: https://portal.stf.jus.br/processos/detalhe.asp?incidente=4224633. Acesso em: 11 ago. 2023).

Apesar de ser tema comum, essa decisão mostra-se interessante ao indicar uma aplicação prática da atuação do mencionado Conselho, o qual se trata de órgão constitucional integrante do próprio Ministério Público, na zeladoria da legalidade dos atos administrativos produzidos por membros e/ou órgãos do Ministério Público da União e dos estados.

Ainda com base nessa decisão, fica claro que os órgãos ministeriais, por mais que não detenham personalidade jurídica própria, são órgãos vocacionado à preservação dos valores constitucionais, sendo dotados de *autonomia financeira, administrativa e institucional*.

Com isso, o Ministério Público tem capacidade ativa para tutelar a sociedade e seus próprios interesses em juízo.

Esse entendimento vem do Supremo Tribunal Federal desde longa data, quando, no julgamento da ADI nº 2.513/RN,[81] ficou conso-

---

[81] "EMENTA: AÇÃO DIRETA DE INCONSTITUCIONALIDADE – *CONTROLE INTERNO DO MINISTÉRIO PÚBLICO PELO PODER EXECUTIVO – IMPOSSIBILIDADE – AUTONOMIA INSTITUCIONAL COMO GARANTIA OUTORGADA AO MINISTÉRIO PÚBLICO PELA PRÓPRIA CONSTITUIÇÃO DA REPÚBLICA* - SUSPENSÃO DE EFICÁCIA DAS EXPRESSÕES CONSTANTES DA NORMA IMPUGNADA - MEDIDA CAUTELAR DEFERIDA. - *A alta relevância jurídico-constitucional do Ministério Público - qualificada pela outorga, em seu favor, da prerrogativa da autonomia administrativa, financeira e orçamentária - mostra-se tão expressiva, que essa Instituição, embora sujeita à fiscalização externa do Poder Legislativo, com o auxílio do respectivo Tribunal de Contas, dispõe de uma esfera própria de atuação administrativa, livre da ingerência de órgãos do Poder Executivo, aos quais falece, por isso mesmo, competência para sustar ato do Procurador-Geral de Justiça praticado com apoio na autonomia conferida ao 'Parquet'.* A outorga constitucional de autonomia, ao Ministério Público, traduz um natural fator de limitação dos poderes dos demais órgãos do Estado, notadamente daqueles que se situam no âmbito institucional do Poder Executivo. A dimensão financeira dessa autonomia constitucional - considerada a instrumentalidade de que se reveste - responde à necessidade de assegurar-se, ao Ministério Público, a plena realização dos fins eminentes para os quais foi ele concebido, instituído e organizado. Precedentes. Doutrina. - Sem que disponha de capacidade para livremente gerir e aplicar os recursos orçamentários vinculados ao custeio e à execução de suas atividades, o Ministério Público nada poderá realizar, frustrando-se, desse modo, de maneira indevida, os elevados objetivos que refletem a destinação constitucional dessa importantíssima Instituição da República, incumbida de defender a ordem jurídica, de proteger o regime democrático e de velar pelos interesses sociais e individuais indisponíveis. - O Ministério Público - consideradas as prerrogativas constitucionais que lhe acentuam as múltiplas dimensões em que se projeta a sua autonomia - dispõe de competência para praticar atos próprios de gestão, cabendo-lhe, por isso mesmo, sem prejuízo da fiscalização externa, a cargo do Poder Legislativo, com o auxílio do Tribunal de Contas, e, também, do controle jurisdicional, adotar as medidas que reputar necessárias ao pleno e fiel desempenho da alta missão que lhe foi outorgada pela Lei Fundamental da República, sem que se permita, ao Poder Executivo, a pretexto de exercer o controle interno, interferir, de modo indevido, na própria intimidade dessa Instituição, seja pela arbitrária oposição de entraves burocráticos, seja pela formulação de exigências descabidas, seja, ainda, pelo abusivo retardamento de providências administrativas indispensáveis, frustrando-lhe, assim, injustamente, a realização de compromissos essenciais e necessários à preservação dos valores cuja defesa lhe foi confiada. - Suspensão, com eficácia 'ex nunc', da execução e da aplicabilidade das expressões 'e do Ministério Público' e 'e do Poder Executivo', constantes do §1º, do art. 55, da Constituição do Estado do Rio Grande do Norte. - A questão dos controles interno e

lidado que o Ministério Público é uma instituição com alta relevância jurídico-constitucional, o qual possui *prerrogativa constitucional de autonomia administrativa, financeira e institucional*.

Na mencionada ADI nº 2.513, conforme voto do Min. Relator Celso de Mello,[82] na medida cautelar julgada pelo Plenário do STF em abril de 2002, a atual Carta Magna foi a responsável por consolidar a fisionomia jurídica-institucional do próprio Ministério Público, o que foi fruto dos anseios da sociedade por um ordenamento em que todos os poderes instituídos se submetessem ao império da lei, havendo uma instituição autônoma, a saber, o próprio órgão ministerial, com o objetivo constitucional de preservar justamente a ordem e a justiça na sociedade.

Com isso, é necessário que o Ministério Público seja dotado de independência institucional, cabendo-lhe o *autogoverno*, o que permite sua organização visando sempre à sua missão institucional sem interferência dos poderes do Estado.

A autonomia do Ministério Público perante os poderes de Estado pode ser observada com clareza em um outro julgamento em que, por meio da ADI nº 7.073,[83] a Suprema Corte entendeu pela inconstituciona-

---

externo da atividade financeira e orçamentária dos órgãos e entidades do Poder Público e a relação de complementaridade existente entre esses tipos de controle" (BRASIL. Supremo Tribunal Federal (Tribunal Pleno). Ação Direta de Inconstitucionalidade 2513 Medida Cautelar. Rel. Celso de Mello, Tribunal Pleno, j. 03.04.2002, *DJe*, 048, divulg. 14.03.2011, public. 15.03.2011, ement vol. 02481-01 PP-00035. *RTJ*, v. 00218-01 PP-00109. Disponível em: https://portal.stf.jus.br/processos/detalhe.asp?incidente=1966569. Acesso em: 10 set. 2023).

[82] BRASIL. Supremo Tribunal Federal (Tribunal Pleno). Ação Direta de Inconstitucionalidade 2513 Medida Cautelar. Rel. Celso de Mello, Tribunal Pleno, j. 03.04.2002, *DJe*, 048, divulg. 14.03.2011, public. 15.03.2011, ement vol. 02481-01 PP-00035. *RTJ*, v. 00218-01 PP-00109. Disponível em: https://portal.stf.jus.br/processos/detalhe.asp?incidente=1966569. Acesso em: 10 set. 2023.

[83] "EMENTA: AÇÃO DIRETA DE INCONSTITUCIONALIDADE. DIREITO FINANCEIRO. LDO DO ESTADO DO CEARÁ PARA O EXERCÍCIO DE 2022 — LEI ESTADUAL Nº 17.573, DE 2021. AUTONOMIA FINANCEIRA DO MINISTÉRIO PÚBLICO ESTADUAL. LIMITAÇÃO FINANCEIRA DAS DESPESAS CONTIDAS EM FOLHA SUPLEMENTAR, SEM PARTICIPAÇÃO DO ÓRGÃO AUTÔNOMO: INCONSTITUCIONALIDADE. 1. Preliminares rejeitadas. A Associação Nacional dos Membros do Ministério Público (CONAMP) possui legitimidade ativa para questionar, em controle abstrato de constitucionalidade perante o Supremo Tribunal Federal, normas atinentes à autonomia financeira do Parquet. Esta Corte reconhece o cabimento de ação direta de inconstitucionalidade em face de lei orçamentária de efeitos concretos. Precedente: ADI nº 4.048-MC/DF, Rel. Min. Gilmar Mendes, Tribunal Pleno, j. 14/05/2008, p. 22/08/2008. 2. *O regime constitucional pertinente à autonomia financeira do Ministério Público equipara-se às prerrogativas institucionais do Poder Judiciário. Conforme o art. 99, §1º, da Constituição da República, os limites balizadores das propostas orçamentárias dos Poderes e órgãos autônomos presentes na Lei de Diretrizes Orçamentárias devem ser estipulados conjuntamente. Assim, é direito subjetivo público do Ministério Público a participação efetiva no ciclo orçamentário*. 3. É inconstitucional a limitação de despesas da folha complementar do Ministério Público do Estado do Ceará em percentual da despesa anual da folha normal

lidade de norma estadual que limite as despesas da folha complementar de pagamentos do Ministério Público quando não tiver ocorrido a efetiva participação do órgão financeiramente autônomo.

Essa decisão mostra como o Poder Judiciário entende a autonomia do *parquet* ao ponto de que, caso não haja participação dessa função essencial na elaboração de seu orçamento, a limitação verificada na lei de diretrizes orçamentária seja declarada inconstitucional.

Esse amadurecimento institucional, destaque-se, deve ocorrer para todas as funções essenciais à Justiça, o que inclui a Advocacia de Estado, como se entende neste trabalho.

Assim, dotado de autonomia administrativa, garantida pelo ordenamento jurídico vigente, o Ministério Público vem exercendo sua alta função institucional, o que não lhe confere, porém, autorização para fazer todo e qualquer ato ao alvedrio da própria Constituição e demais leis do ordenamento pátrio.

Ora, nosso sistema jurídico possui meios de controle externo e interno, os quais permitem que todas as instituições sejam capazes de atuar com autonomia em busca do bem comum, sem permitir que nenhuma delas se sinta soberana ao ponto de atuar da forma como entender, desrespeitando todo o complexo normativo existente.

Esse é, portanto, o mesmo raciocínio que deve guiar, na conferência de autonomia, em seus mais diversos aspectos, a Advocacia Pública brasileira, na certeza de que isso não tem o objetivo de fazê-la superior a qualquer outra função, mas, na verdade, pretende dotá-la de características que permitam o pleno cumprimento de sua missão institucional.

O *controle externo* deve ser exercido, portanto, por meio do Poder Legislativo com a colaboração do Tribunal de Contas conforme a própria Constituição Federal, segundo a qual, no âmbito federal, determina que a fiscalização contábil, financeira, orçamentária, operacional e patrimonial da União e das entidades da Administração direta e indireta, quanto à legalidade, legitimidade, economicidade, aplicação das subvenções e

---

de pagamento, sem a devida participação efetiva do órgão financeiramente autônomo no ato de estipulação em conjunto dessa limitação na Lei de Diretrizes Orçamentárias. 4. Ação direta de inconstitucionalidade conhecida e julgada procedente para fins de declarar a inconstitucionalidade da expressão 'no Ministério Público Estadual' contida no art. 74, §5º, da Lei nº 17.573, de 23 de julho de 2021, do Estado do Ceará" (BRASIL. Supremo Tribunal Federal (Tribunal Pleno). Ação Direta de Inconstitucionalidade 7073. Rel. André Mendonça, j. 26.09.2022. Processo eletrônico. *DJe*, 213, divulg. 21.10.2022, public. 24.10.2022. Disponível em: https://portal.stf.jus.br/processos/detalhe.asp?incidente=6338637. Acesso em: 13 set. 2023).

renúncia de receitas, será exercida pelo Congresso Nacional, mediante controle externo, e pelo sistema de controle interno de cada poder.

Por outro lado, os poderes do Estado devem também possuir um sistema de *controle interno*, o qual atuará em colaboração com o controle externo na defesa finalística dos interesses de toda a sociedade por meio da fiscalização dos poderes instituídos.

Aliás, pode-se entender a *autonomia administrativa*, por tudo o que foi exposto até o momento, como a capacidade de autogoverno, permitindo que a função pública seja capaz de *per si* organizar suas atividades, seus atos, tudo sempre no limite da legislação. Já por *autonomia financeira* entende-se a capacidade de elaboração do próprio orçamento, bem como de execução do orçamento realizado.

Em continuidade, na busca do entendimento jurisprudencial da autonomia do Ministério Público, tem-se o julgamento da ADI nº 4.807,[84] de relatoria da Min. Cármen Lúcia, em que, julgando a constitucionalidade de regras da Constituição Estadual do Amapá, decidiu por declarar a inconstitucionalidade de trechos daquela Constituição que possibilitava que a Assembleia Legislativa amapaense deliberasse sobre a destituição do procurador-geral de Justiça.

---

[84] "AÇÕES DIRETAS DE INCONSTITUCIONALIDADE 4.807 E 4.808. JULGAMENTO CONJUNTO. DESTITUIÇÃO DE PROCURADOR-GERAL DE JUSTIÇA. AÇÕES JULGADAS PREJUDICADAS QUANTO AO ART. 12 DA LEI COMPLEMENTAR AMAPAENSE N. 9/1994 E ARTS. 2º A 11 DA RESOLUÇÃO N. 119/2012 DA ASSEMBLEIA LEGISLATIVA DO AMAPÁ E, NA PARTE REMANESCENTE, PROCEDENTES PARA DECLARAR A INCONSTITUCIONALIDADE DAS EXPRESSÕES 'POR DELIBERAÇÃO DO PODER LEGISLATIVO OU' E 'EM AMBOS OS CASOS' DO ART. 147 DA CONSTITUIÇÃO DO AMAPÁ. 1. Ações prejudicadas quanto ao art. 12 da Lei Complementar amapaense n. 9/1994 e aos arts. 2º a 11 da Resolução da Assembleia Legislativa amapaense n. 119/2012. Revogação. Perda superveniente de objeto. Precedentes. 2. Pelo art. 128, §4º, da Constituição da República cabe à lei complementar estadual a regulamentação dos casos de destituição de Procurador-Geral da Justiça. Inconstitucionalidade formal: Precedentes. 3. *Pelo art. 128, §5º, da Constituição da República os procuradores-gerais têm a iniciativa das leis complementares estaduais que versam sobre a organização, as atribuições e o estatuto dos Ministérios Públicos. 4. A possibilidade de iniciar e deliberar a Assembleia Legislativa, por maioria absoluta, sobre destituição do Procurador-Geral de Justiça (art. 147 da Constituição amapaense) contraria os princípios da independência e autonomia do Ministério Público.* 5. Ações Diretas de Inconstitucionalidade ns. 4.807/AP e 4.808/AP julgadas prejudicadas, quanto ao art. 12 da Lei Complementar amapaense n. 9/1994 e à Resolução n. 119/2012 da Assembleia Legislativa do Amapá. Na parte remanescente, ações julgadas procedentes para declarar a inconstitucionalidade das expressões 'por deliberação do Poder Legislativo ou' e 'em ambos os casos' do art. 147 da Constituição do Amapá" (BRASIL. Supremo Tribunal Federal (Tribunal Pleno). Ação Direta de Inconstitucionalidade 4807. Rel. Cármen Lúcia, j. 01.08.2018. Processo eletrônico. *DJe*, 105, divulg. 20.05.2019, public. 21.05.2019. Disponível em: https://portal.stf.jus.br/processos/detalhe.asp?incidente=4264210. Acesso em: 13 set. 2023).

A norma constitucional do Amapá devidamente impugnada ia de encontro, portanto, com os princípios institucionais da independência e autonomia do Ministério Público conferidos pela Constituição Federal de 1988. Com esse fundamento, a Suprema Corte, no julgamento daquela ADI, entendeu justamente por declarar a inconstitucionalidade de trechos da Constituição estadual que feriam a regra posta na Carta Magna federal.

Observa-se que, entre as funções essenciais à Justiça, o Ministério Público se mostra como aquele cujo contorno institucional está mais bem delineado nas normas constitucionais e, consequentemente, na jurisprudência quanto ao tema.

Isso ocorre, pois, sendo a função mais antiga, aquela que, como apresentado no começo do presente trabalho, englobava todas as demais funções que atualmente cabem à Defensoria Pública e à Advocacia Pública, o Ministério Público pode, ao longo dos últimos séculos, ser entendido como uma importante função na preservação dos interesses sociais, compreensão essa que chegou não somente às pessoas que estão à frente da condução do Estado, mas também àqueles que possuem o conhecimento sobre o funcionamento de nossa nação.

Esse contorno institucional tão bem desenhado que possui o Ministério Público deve servir de parâmetro para o delineamento dos contornos da Advocacia Pública, o que não ocorre de forma instantânea, mas como consequência de lutas na defesa da própria Advocacia de Estado como uma função essencial à própria Justiça. Isso, porém, sem a pretensão de transformar as procuradorias dos estados em novos ministérios públicos.

Pontue-se, oportunamente, que não se quer dizer que a Advocacia de Estado e a Defensoria Pública saíram do Ministério Público, mas que antes as funções dessas três instituições eram concentradas em uma única instituição. Com isso, a partir da Constituição de 1988, verificou-se uma partição dessas funções no Ministério Público, na Advocacia de Estado e na Defensoria Pública.

Em um outro caso, também relativo à Constituição do Amapá, ADI nº 5.184,[85] de relatoria do Min. Luiz Fux, fica clara a autonomia

---

[85] "AÇÃO DIRETA DE INCONSTITUCIONALIDADE. DECRETO LEGISLATIVO 547/2014 DA ASSEMBLEIA LEGISLATIVA DO ESTADO DO AMAPÁ. ATO NORMATIVO QUE POSSUI EFEITOS GENÉRICOS E ABSTRATOS. DECRETO QUE, AO SUSTAR A VIGÊNCIA DE LEI COMPLEMENTAR ESTADUAL, DETERMINOU A REPRISTINAÇÃO DE NORMAS ANTERIORES. INOVAÇÃO NA ORDEM JURÍDICA. CABIMENTO DA AÇÃO DIRETA

institucional que o Ministério Público possui, conforme ditames da própria Constituição Federal, como titular da iniciativa de elaboração de projeto de lei para organizar a estrutura da própria carreira, o que inclui também o procedimento de escolha do procurador-geral de Justiça.

Com isso, pode-se entender a *autonomia institucional* justamente como a capacidade conferida ao Ministério Público para estabelecer os parâmetros de organização da própria carreira, o que inclui desde sua estruturação e meios de entrada, até os meios de escolha e destituição do procurador-geral de Justiça.

DE INCONSTITUCIONALIDADE. *ARTIGOS 127, §2º, E 128, §§3º E 5º, DA CONSTITUIÇÃO FEDERAL DE 1988. AUTONOMIA DO MINISTÉRIO PÚBLICO.* DECRETO LEGISLATIVO QUE ANULOU A APROVAÇÃO DE PROJETO DE LEI COMPLEMENTAR DE INICIATIVA DO PROCURADOR-GERAL DE JUSTIÇA, SUSPENDEU A VIGÊNCIA DA LEI DELE DECORRENTE (LEI ORGÂNICA DO MINISTÉRIO PÚBLICO ESTADUAL) E ANULOU OS ATOS POSTERIORES NELA FUNDADOS. MATÉRIA CUJO TRATAMENTO A CONSTITUIÇÃO DE 1988 RESERVA A LEI COMPLEMENTAR ESTADUAL. INICIATIVA CONFERIDA AO PROCURADOR-GERAL DE JUSTIÇA DO ESTADO. DECRETO LEGISLATIVO QUE ALTEROU A DISCIPLINA JURÍDICA DA CARREIRA DOS INTEGRANTES DO MINISTÉRIO PÚBLICO ESTADUAL, EM DESOBEDIÊNCIA AO ARTIGO 128, §5º, DA CONSTITUIÇÃO FEDERAL. PRETENSÃO DE REALIZAÇÃO DE CONTROLE POLÍTICO DE CONSTITUCIONALIDADE DE NORMAS A POSTERIORI. ATO DE NATUREZA LEGISLATIVA. INAPLICABILIDADE DA SÚMULA 473 DO STF. AÇÃO DIRETA DE INCONSTITUCIONALIDADE QUE SE JULGA PROCEDENTE. *1. O Ministério Público é o titular da iniciativa de projeto de lei que organiza, institui atribuições e estabelece a estrutura da carreira, dispondo também sobre a forma de eleição, de composição da listra tríplice e de escolha do Procurador-Geral de Justiça, na forma do artigo 128, §§3º e 5º, da Constituição Federal, observados os limites traçados pelo texto constitucional e pela legislação orgânica nacional (Lei 8.625/1993).* 2. A espécie normativa do decreto legislativo não é instrumento capaz de revogar ou alterar as disposições de legislação que discipline matéria constitucionalmente reservada à lei complementar, muito menos quando a essa lei a Constituição Federal limita a iniciativa legislativa. Concluído o processo legislativo, a pronúncia de inconstitucionalidade de lei ou outro ato normativo primário, ainda que fundamentada em vício formal no seu trâmite legislativo, deve se dar por meio de decisão judicial, no exercício do controle judicial e repressivo de constitucionalidade. 3. Consectariamente, o Decreto Legislativo 547/2014, ao sustar a vigência da Lei Complementar Estadual nº 79/2013 sem que houvesse a hipótese de exorbitação de poder regulamentar ou dos limites de delegação legislativa (artigo 49, V, da CRFB/1988), tampouco sua pronúncia de inconstitucionalidade (artigo 52, X, da CRFB/1988), revela-se inconstitucional. Isso porque, a pretexto de preservar sua própria competência, o Decreto Legislativo consubstancia ato normativo modificador da disciplina jurídica da carreira dos integrantes do Ministério Público local, em desobediência às exigências estabelecidas pelo artigo 128, §5º, da Constituição Federal. 4. O ato normativo impugnado exterioriza os elementos necessários ao cabimento da presente ação, visto que se reveste de densidade normativa primária. 5. Ação direta de inconstitucionalidade julgada PROCEDENTE, declarando-se a inconstitucionalidade do Decreto Legislativo 547/2013 da Assembleia Legislativa do Estado do Amapá" (BRASIL. Supremo Tribunal Federal (Tribunal Pleno). Ação Direta de Inconstitucionalidade 5184. Rel. Luiz Fux, j. 30.08.2019. Processo eletrônico. *DJe*, 200, divulg. 13.09.2019, public. 16.09.2019. Disponível em: https://portal.stf.jus.br/processos/detalhe.asp?incidente=4683490. Acesso em: 13 set. 2023).

No mesmo sentido, quanto ao tema da autonomia institucional para organizar a carreira e a escolha do chefe da instituição ministerial, julgou a Suprema Corte o caso da ADI nº 5.171,[86] também de relatoria do

---

[86] "Ementa: AÇÃO DIRETA DE INCONSTITUCIONALIDADE. EMENDA CONSTITUCIONAL 48/2014 DO ESTADO DO AMAPÁ. AÇÃO AJUIZADA PELA ASSOCIAÇÃO NACIONAL DOS MEMBROS DO MINISTÉRIO PÚBLICO – CONAMP. ARTIGO 103, IX, DA CRFB/1988. LEGITIMIDADE ATIVA. PRESENÇA DE PERTINÊNCIA TEMÁTICA. IMPROCEDÊNCIA DA ALEGAÇÃO DE PERDA DE OBJETO. A EDIÇÃO DO DECRETO LEGISLATIVO 547/2014 PELA ASSEMBLEIA LEGISLATIVA DO ESTADO DO AMAPÁ, CUJA VIGÊNCIA SE ENCONTRA SUSPENSA POR LIMINAR DEFERIDA NA ADI 5184/AP, NÃO ACARRETA A PERDA DE OBJETO DESTA AÇÃO. *ARTIGOS 127, §2º, E 128, §§3º E 5º, DA CRFB/1988. AUTONOMIA DO MINISTÉRIO PÚBLICO. FORMAÇÃO DE LISTA TRÍPLICE PARA A OCUPAÇÃO DO CARGO DE PROCURADOR-GERAL DE JUSTIÇA. MATÉRIA CUJO TRATAMENTO A CONSTITUIÇÃO DE 1988 RESERVA, EM RELAÇÃO AO MINISTÉRIO PÚBLICO DOS ESTADOS, À LEI COMPLEMENTAR ESTADUAL. INICIATIVA CONFERIDA AO PROCURADOR-GERAL DE JUSTIÇA DO ESTADO E NÃO À ASSEMBLEIA LEGISLATIVA.* EMENDA À CONSTITUIÇÃO ESTADUAL, MEDIANTE INICIATIVA DA MESA DIRETORA DA ASSEMBLEIA. INADEQUAÇÃO. INCONSTITUCIONALIDADE FORMAL. A DEFINIÇÃO DOS MEMBROS DA CARREIRA APTOS A PARTICIPAR DA ELEIÇÃO PARA A FORMAÇÃO DA LISTA TRÍPLICE DESTINADA À OCUPAÇÃO DO CARGO DE PROCURADOR-GERAL DE JUSTIÇA É MATÉRIA DESTINADA PELA CONSTITUIÇÃO FEDERAL À LEI ORGÂNICA DE CADA MINISTÉRIO PÚBLICO. PRECEDENTES. AÇÃO DIRETA DE INCONSTITUCIONALIDADE QUE SE JULGA PROCEDENTE. *1. O Ministério Público é o titular da iniciativa de projeto de lei que organiza, institui atribuições e estabelece a estrutura da carreira, dispondo também sobre a forma de eleição, de composição da lista tríplice e de escolha do Procurador-Geral de Justiça, na forma do artigo 128, §§3º e 5º, da Constituição Federal, observados os limites traçados pelo texto constitucional e pela legislação orgânica nacional (Lei 8.625/1993). 2. A Emenda Constitucional 48/2014 à Constituição do Estado do Amapá revela-se formalmente inconstitucional: (i) por tratar de matéria relativa à alteração do estatuto jurídico da carreira do Ministério Público Estadual, porquanto o Poder Legislativo não ostenta essa competência, violando diretamente o artigo 128, §3º e 5º, do texto constitucional; e (ii) ao consagrar a iniciativa eivada de incompetência, a Constituição Estadual viola a Constituição Federal, que reclama lei complementar de iniciativa do Procurador-Geral para disciplinar o tema. 3. A lei orgânica do Ministério Público é a via legislativa apta a definir os membros da carreira elegíveis para o cargo de Procurador-Geral de Justiça. 4. Consectariamente, a emenda constitucional de iniciativa parlamentar, ao dispor sobre a data para a realização da eleição, para a formação de lista tríplice para o cargo de Procurador-Geral de Justiça, viola as disposições do artigo 128, §3º e 5º, da Constituição Federal, que exige lei complementar estadual de iniciativa daquela autoridade. 5. A Associação Nacional dos Membros do Ministério Público (CONAMP), ao congregar os integrantes do Ministério Público da União e dos Estados, possui legitimidade ativa para a propositura das ações do controle concentrado de constitucionalidade, nos termos do artigo 103, IX, da Constituição Federal. 6. O Decreto Legislativo 547/2014 da Assembleia Legislativa do Estado do Amapá não acarreta a perda de objeto da presente ação, notadamente porque: (i) a norma cuja vigência era sustada pelo Decreto (Lei Complementar estadual nº 79/2013) não coincide com o ato normativo impugnado na presente ação (Emenda Constitucional nº 48/2014); (ii) ainda que houvesse tal coincidência, o referido Decreto Legislativo teve sua eficácia suspensa por decisão deste tribunal na ADI 5.184/AP, não se encontrando sustada, por conseguinte, a vigência da Lei Complementar estadual 79/2013, que minudenciou a emenda inconstitucional. 7. Ação direta de inconstitucionalidade JULGADA PROCEDENTE, para se declarar a inconstitucionalidade da Emenda Constitucional nº 48/2014 à Constituição Estadual do Amapá, por ofensa ao artigo 128, §§3º e 5º, da Constituição Federal"* (BRASIL. Supremo Tribunal Federal (Tribunal Pleno). Ação Direta de Inconstitucionalidade 5171. Rel.

Min. Luiz Fux, entendendo-se que a Emenda Constitucional nº 48/2014 à Constituição do Estado do Amapá é formalmente inconstitucional ao tratar de matéria relativa à alteração do estatuto jurídico da carreira do Ministério Público Estadual de forma a violar o art. 128, §§3º e 5º, do texto constitucional federal, bem como por violar a Carta Magna no ponto em que exige lei complementar de iniciativa do procurador-geral para disciplinar o tema.

Dando continuidade na análise-crítica de alguns julgamentos que auxiliam na compreensão de como o ordenamento jurídico brasileiro entende a autonomia conferida às funções essenciais à Justiça, no julgamento recente da ADI nº 6.366,[87] de relatoria do Min. Roberto Barroso, a

---

Luiz Fux, j. 30.08.2019. Processo eletrônico. *DJe*, 272, divulg. 09.12.2019. public. 10.12.2019. Disponível em: https://portal.stf.jus.br/processos/detalhe.asp?incidente=4657941. Acesso em: 13 set. 2023).

[87] "Ementa: Direito constitucional e administrativo. Ação direta de inconstitucionalidade. Lei orgânica do Ministério Público do Estado do Amazonas. *Requisito para aquisição da vitaliciedade. Saúde mental.* 1. Ação direta de inconstitucionalidade contra dispositivos da Lei Orgânica do Ministério Público do Estado do Amazonas que estabelecem o requisito de 'saúde mental' para aquisição de vitaliciedade, com a submissão do Promotor de Justiça a avaliação psiquiátrica e psicológica. 2. Hipótese em que se alega que a definição da 'saúde mental' como requisito para confirmação no cargo afronta os arts. 41, §4º (que prevê avaliação de desempenho dos servidores públicos para aquisição da estabilidade), e 127, §2º, CF (que trata da autonomia do Ministério Público), bem como os princípios da razoabilidade e proporcionalidade. 3. O texto constitucional não disciplinou o estágio probatório nem detalhou os critérios a serem aferidos para o vitaliciamento de membros do Ministério Público, cabendo às leis orgânicas a regulamentação da matéria. Tais critérios devem ser proporcionais e não discriminatórios. Em especial, devem guardar nexo lógico com as exigências do cargo. 4. De acordo com a OMS, os estados de saúde mental se inserem em um continuum complexo, que vai desde um estado ideal de bem-estar a estados debilitantes e incapacitantes de grande sofrimento e dor emocional. Estima-se que uma em cada oito pessoas no mundo viva com algum tipo de transtorno mental. A baixa atenção nessa área tem impactado negativamente a qualidade e a expectativa de vida das pessoas e o acesso à educação e ao mercado de trabalho, entre outras áreas. *5. A expressão 'saúde mental', utilizada pela lei impugnada como requisito para o vitaliciamento, por ser demasiadamente ampla, tem o potencial de produzir efeitos desproporcionais e discriminatórios.* Ela engloba tanto transtornos que não impactam o regular exercício das atividades laborais quanto enfermidades permanentes ou incapacitantes. Além disso, é capaz de reforçar o estigma e a discriminação contra pessoas que apresentam enfermidades no campo da saúde mental. *6. A fim de que o requisito seja compatível com a ordem constitucional, deve-se reduzir o seu campo de aplicação aos casos em que o transtorno mental revele inaptidão permanente para o exercício das funções de Promotor de Justiça, dadas as prerrogativas e responsabilidades do cargo. A aferição desse parâmetro, por meio de avaliações psicológicas e psiquiátricas, deve ocorrer no âmbito de regular processo administrativo, garantindo-se o contraditório e a ampla defesa.* 7. Pedido julgado parcialmente procedente para conferir interpretação conforme a Constituição à expressão 'saúde mental', de modo a permitir que o vitaliciamento do membro do Ministério Público apenas seja obstado quando constatado transtorno mental que revele inaptidão permanente para o exercício do cargo. 8. Fixação da seguinte tese de julgamento: '1. A exigência de avaliação psicológica e psiquiátrica como requisito para aquisição de vitaliciedade pelo membro do Ministério Público constitui medida razoável e adequada às prerrogativas e responsabilidades inerentes ao cargo, desde

Suprema Corte conferiu interpretação conforme a Constituição à expressão "saúde mental" constante na Lei Orgânica do Ministério Público do Estado do Amazonas como requisito para aquisição da vitaliciedade.

Apesar de o referido julgamento, ao contrário daqueles anteriormente analisados, não tratar diretamente sobre a autonomia do órgão ministerial, ele aborda uma forma constitucionalmente aceita de controle exercido pelo Poder Judiciário no balizamento da autonomia institucional conferida ao Ministério Público, o qual não pode ter normas organizadoras da instituição que imponham elementos demasiado abrangentes para a aquisição da vitaliciedade.

Mais uma vez, por meio deste último caso, observa-se que o ordenamento jurídico brasileiro é dotado de elementos que permitem a plena realização da autonomia do Ministério Público sem descuidar de essa autonomia ser exercida de forma a prejudicar os ditames maiores da sociedade, como a dignidade da pessoa humana, notadamente aquela com alguma enfermidade no âmbito mental.

Após esse apanhado jurisprudencial, no caso em relação ao Ministério Público, é salutar observar que a autonomia conferida pela Constituição Federal ao mencionado órgão ministerial permite que sua atuação seja plena no cumprimento de sua missão institucional, evitando, assim, que ocorram interferências indevidas dos poderes do Estado no exercício do múnus público conferido ao *parquet*.

Partindo do Ministério Público para outra função essencial à Justiça, encontra-se a Defensoria Pública, instituição dotada de competência que anteriormente cabia também ao próprio *parquet*, como já apresentado, consistindo na orientação jurídica, na promoção dos direitos humanos e na defesa judicial e extrajudicial dos direitos individuais e coletivos, de forma integral e gratuita, aos necessitados.

Em um primeiro caso, tem-se o julgamento da ADI nº 4.056,[88] de relatoria do Min. Ricardo Lewandowski, em que, julgando legislação

---

que observadas as cautelas necessárias. 2. O vitaliciamento somente poderá ser obstado quando, no âmbito de regular procedimento administrativo, for atestada enfermidade que revele inaptidão permanente ao exercício do cargo" (BRASIL. Supremo Tribunal Federal (Tribunal Pleno). Ação Direta de Inconstitucionalidade 6366. Rel. Roberto Barroso, j. 22.02.2023. Processo eletrônico. *DJe*, s/n, divulg. 01.03.2023, public. 02.03.2023. Disponível em: https://portal.stf.jus.br/processos/detalhe.asp?incidente=5887641. Acesso em: 13 set. 2023).

[88] "CONSTITUCIONAL. ARTS. 7º, VII, 16, CAPUT E PARÁGRAFO ÚNICO, DA LEI 8.559/2006, DO ESTADO DO MARANHÃO, *QUE INSEREM A DEFENSORIA PÚBLICA DAQUELA UNIDADE DA FEDERAÇÃO NA ESTRUTURA DO PODER EXECUTIVO LOCAL. OFENSA AO ART. 134, §2º, DA CONSTITUIÇÃO FEDERAL.* ADI PROCEDENTE. I – *A EC 45/04 reforçou a autonomia funcional e administrativa às defensorias públicas estaduais, ao assegurar-lhes*

do Estado do Maranhão, a Suprema Corte entendeu pela inconstitucionalidade da regra que inseria a Defensoria Pública estadual dentro da estrutura do próprio Poder Executivo local.

Ora, no caso, é notório que essa norma viola a determinação constitucional que confere autonomia funcional e administrativa às defensorias públicas, norma que fora incluída no ordenamento jurídico pátrio pela Emenda Constitucional nº 45, de 30.12.2004.

Aliás, a Emenda Constitucional (EC) nº 45/04 foi a grande responsável pela reforma do Judiciário brasileiro na busca de celeridade e eficiência na prestação dos serviços judiciais a toda a sociedade.

Como bem apresentado pelo Min. Ricardo Lewandowski[89] no julgamento da ADI nº 4.056, a EC nº 45/2004 teve o objetivo, entre tantos outros voltados para a melhoria da aplicação da Justiça na sociedade, de ampliar a capacidade das defensorias públicas de autogovernarem-se, o que parte da garantia da autonomia funcional, administrativa e financeira.

A Defensoria Pública, assim como as demais funções essenciais à Justiça, não é órgão do Poder Executivo como pretendia a norma local do Estado do Maranhão, mas trata-se de uma instituição com assento constitucional e contornos organizacionais muito bem definidos, possuindo o múnus público de defender os interesses daquelas pessoas mais necessitadas.

Trata-se, assim, de uma instituição voltada ao cumprimento do princípio fundamental da dignidade da pessoa humana na busca de uma sociedade livre, justa e solidária e da promoção do bem de todos, objetivos fundamentais da República Federativa do Brasil.

No mesmo sentido, o STF já se manifestara anteriormente no julgamento da ADI nº 3.569,[90] de relatoria do Min. Sepúlveda Pertence,

---

a iniciativa para a propositura de seus orçamentos (art. 134, §2º). II – Qualquer medida normativa que suprima essa autonomia da Defensoria Pública, vinculando-a a outros Poderes, em especial ao Executivo, implicará violação à Constituição Federal. Precedentes. III – ADI julgada procedente" (BRASIL. Supremo Tribunal Federal (Tribunal Pleno). Ação Direta de Inconstitucionalidade 4056. Rel. Ricardo Lewandowski, j. 07.03.2012. Acórdão eletrônico. DJe, 150, divulg. 31.07.2012, public. 01.08.2012. Disponível em: https://portal.stf.jus.br/processos/detalhe.asp?incidente=2604470. Acesso em: 10 set. 2023.

[89] BRASIL. Supremo Tribunal Federal (Tribunal Pleno). Ação Direta de Inconstitucionalidade 4056. Rel. Ricardo Lewandowski, j. 07.03.2012. Acórdão eletrônico. DJe, 150, divulg. 31.07.2012, public. 01.08.2012. Disponível em: https://portal.stf.jus.br/processos/detalhe.asp?incidente=2604470. Acesso em: 10 set. 2023.

[90] "EMENTA: I. Ação direta de inconstitucionalidade: art. 2º, inciso IV, alínea c, da L. est. 12.755, de 22 de março de 2005, do Estado de Pernambuco, que estabelece a *vinculação da Defensoria Pública estadual à Secretaria de Justiça e Direitos Humanos: violação do art. 134, §2º, da*

em que se confirmou o avanço constitucional conferido pela EC nº 45/2004 às defensorias públicas, conferindo-lhes autonomia funcional, administrativa e financeira por meio de regra de eficácia plena e de aplicabilidade imediata, uma vez que sua atuação objetiva a efetivação dos direitos humanos.

Ainda quanto ao julgamento da ADI nº 4.056, os ministros do STF debateram sobre a equiparação conferida ao defensor público geral ao cargo de secretário de estado, o que, na opinião do Min. Gilmar Mendes, não seria passível de inconstitucionalidade.

Nesse debate, porém, venceu o entendimento do Relator Min. Lewandowski, segundo o qual essa equiparação deve ser eliminada, uma vez que os secretários de estado, sendo cargos auxiliares do próprio governador, são demissíveis *ad nutum*, o que não pode ocorrer com o defensor público geral, por limitar-lhe a autonomia institucional.

Esse mesmo raciocínio deve auxiliar na construção constitucional da autonomia para as advocacias públicas, devendo-se pensar na forma de disciplina do cargo do procurador-geral do estado, o qual, sendo, por vezes, indicados pelo governador, como um secretário de estado, tem sua autonomia limitada.

Um elemento interessante na análise da autonomia conferida ao Ministério Público e à Defensoria Pública é que, ao contrário daquele, as defensorias públicas não possuíam autonomia de iniciativa legislativa para a criação de cargos de defensores, o que ficaria na iniciativa

---

Constituição Federal, com a redação da EC 45/04: inconstitucionalidade declarada. 1. A EC 45/04 outorgou expressamente autonomia funcional e administrativa às defensorias públicas estaduais, além da iniciativa para a propositura de seus orçamentos (art. 134, §2º): donde, ser inconstitucional a norma local que estabelece a vinculação da Defensoria Pública a Secretaria de Estado. 2. A norma de autonomia inscrita no art. 134, §2º, da Constituição Federal pela EC 45/04 é de eficácia plena e aplicabilidade imediata, dado ser a Defensoria Pública um instrumento de efetivação dos direitos humanos. II. Defensoria Pública: vinculação à Secretaria de Justiça, por força da LC est (PE) 20/98: revogação, dada a incompatibilidade com o novo texto constitucional 1. É da jurisprudência do Supremo Tribunal - malgrado o dissenso do Relator - que a antinomia entre norma ordinária anterior e a Constituição superveniente se resolve em mera revogação da primeira, a cuja declaração não se presta a ação direta. 2. O mesmo raciocínio é aplicado quando, por força de emenda à Constituição, a lei ordinária ou complementar anterior se torna incompatível com o texto constitucional modificado: precedentes" (BRASIL. Supremo Tribunal Federal (Tribunal Pleno). Ação Direta de Inconstitucionalidade 3569. Rel. Sepúlveda Pertence, j. 02.04.2007. *DJe*, 013, divulg. 10.05.2007, public. 11.05.2007. *DJ*, 11.05.2007 PP-00047, ement vol. 02275-01 PP-00160. *LEXSTF*, v. 29, n. 342, 2007, p. 96-105. Disponível em: https://portal.stf.jus.br/processos/detalhe.asp?incidente=2318161. Acesso em: 10 set. 2023).

privativa do Chefe do Poder Executivo, conforme art. 61, §1º, da Constituição Federal.[91]

No entanto, recentemente, o Supremo Tribunal Federal, no julgamento da ADI nº 5.943,[92] de relatoria do Min. Gilmar Mendes, com base nas alterações conferidas ao art. 134 da Constituição Federal, notadamente pela Emenda Constitucional nº 80/2014, entendeu que a nova redação do mencionado artigo e seus parágrafos conferiram, além da independência funcional à Defensoria Pública, a competência para a própria defensoria propor ao Poder Legislativo a criação e a extinção de cargos dessa carreira pública.

Aliás, essa é justamente a regra inserta no art. 96, II,[93] da Constituição Federal, aplicado à Defensoria Pública, segundo o qual é dos tribunais a competência privativa para a proposição de leis que tratem dos cargos das carreiras relativas ao Poder Judiciário.

Observa-se, com mais essa decisão, um aumento de autonomia da referida carreira, aproximando-se daquelas regras de autonomia já

---

[91] CF/88: "Art. 61. A iniciativa das leis complementares e ordinárias cabe a qualquer membro ou Comissão da Câmara dos Deputados, do Senado Federal ou do Congresso Nacional, ao Presidente da República, ao Supremo Tribunal Federal, aos Tribunais Superiores, ao Procurador-Geral da República e aos cidadãos, na forma e nos casos previstos nesta Constituição. §1º São de *iniciativa privativa do Presidente da República* as leis que: [...] II - disponham sobre: a) *criação de cargos, funções ou empregos públicos na administração direta e autárquica ou aumento de sua remuneração*; [...] d) organização do Ministério Público e da Defensoria Pública da União, bem como normas gerais para a organização do Ministério Público e da Defensoria Pública dos Estados, do Distrito Federal e dos Territórios; [...]".

[92] "Ação Direta de Inconstitucionalidade. 2. Lei Complementar nº 717/2018, do Estado de Santa Catarina, que institui o plano de cargos, carreira e vencimento dos servidores da Defensoria Pública Estadual. *Lei de iniciativa do Defensor Público Geral do Estado*. 3. *Alegação de ofensa à iniciativa legislativa do Chefe do Poder Executivo estadual. Improcedência.* Emendas Constitucionais 45/2004 e 80/2014. *Autonomia funcional e administrativa da Defensoria Pública. Competência do Defensor Público Geral do Estado.* 4. Alegada quebra do Regime Jurídico Único. Improcedência. 5. Alegação de que o cargo criado não se prestaria à função de assessoria. Improcedência. As atribuições configuram função de assessoria. 6. Alegada violação aos limites de despesas de pessoal do Poder Executivo. Improcedência. 7. Ação Direta conhecida e julgada improcedente" (BRASIL. Supremo Tribunal Federal (Tribunal Pleno). Ação Direta de Inconstitucionalidade 5943. Rel. Gilmar Mendes, j. 17.12.2022. Processo eletrônico. *DJe*, s/n, divulg. 24.01.2023, public. 25.01.2023. Disponível em: https://portal.stf.jus.br/processos/detalhe.asp?incidente=5459616. Acesso em: 13 set. 2023).

[93] "Art. 96. Compete *privativamente*: [...] II - ao Supremo Tribunal Federal, aos Tribunais Superiores e aos Tribunais de Justiça *propor ao Poder Legislativo respectivo*, observado o disposto no art. 169: a) a alteração do *número de membros* dos tribunais inferiores; b) a *criação e a extinção de cargos e a remuneração* dos seus serviços auxiliares e dos juízos que lhes forem vinculados, bem como a fixação do *subsídio de seus membros e dos juízes*, inclusive dos tribunais inferiores, onde houver; c) a criação ou extinção dos tribunais inferiores; d) a alteração da organização e da divisão judiciárias; [...]".

presentes no Ministério Público, as quais demonstram a essencialidade dessas instituições dentro do arcabouço jurídico-social brasileiro.

Por outro lado, como se tem tratado no presente trabalho, o caminho não foi seguido da mesma forma no que tange à Advocacia Pública, a qual necessita ainda avançar na autonomia imprescindível para que sua função institucional seja exercida da melhor forma, levando sempre em conta o fim último do bem comum de todos.

Em um outro julgamento, a Suprema Corte, por meio da ADI nº 5.296,[94] de relatoria da Min. Rosa Weber, declarou a constitucionalidade das emendas que conferiram autonomia às defensorias públicas, com a extensão, às defensorias públicas da União e do Distrito Federal, da autonomia funcional e administrativa e da iniciativa de sua proposta orçamentária, já asseguradas às defensorias públicas dos estados.

Do julgamento dessa ação de controle concentrado de constitucionalidade, especificamente na apreciação da medida cautelar julgada em maio de 2016,[95] faz-se importante destacar o voto-vista do Min.

---

[94] BRASIL. Supremo Tribunal Federal (Tribunal Pleno). Ação Direta de Inconstitucionalidade 5296 Medida Cautelar. Rel. Rosa Weber, j. 18.05.2016. Processo eletrônico. *DJe*, 240, divulg. 10.11.2016, public. 11.11.2016. Disponível em: https://portal.stf.jus.br/processos/detalhe.asp?incidente=4752359. Acesso em: 13 set. 2023.

[95] "EMENTA AÇÃO DIRETA DE INCONSTITUCIONALIDADE. MEDIDA CAUTELAR. ART. 134, §3º, DA CONSTITUIÇÃO DA REPÚBLICA, INCLUÍDO PELA EMENDA CONSTITUCIONAL Nº 74/2013. EXTENSÃO, ÀS DEFENSORIAS PÚBLICAS DA UNIÃO E DO DISTRITO FEDERAL, DA AUTONOMIA FUNCIONAL E ADMINISTRATIVA E DA INICIATIVA DE SUA PROPOSTA ORÇAMENTÁRIA, JÁ ASSEGURADAS ÀS DEFENSORIAS PÚBLICAS DOS ESTADOS PELA EMENDA CONSTITUCIONAL Nº 45/2004. EMENDA CONSTITUCIONAL RESULTANTE DE PROPOSTA DE INICIATIVA PARLAMENTAR. ALEGADA OFENSA AO ART. 61, §1º, II, "c", DA CONSTITUIÇÃO DA REPÚBLICA. USURPAÇÃO DA RESERVA DE INICIATIVA DO PODER EXECUTIVO. INOCORRÊNCIA. ALEGADA OFENSA AOS ARTS. 2º E 60, §4º, III, DA CONSTITUIÇÃO DA REPÚBLICA. SEPARAÇÃO DE PODERES. INOCORRÊNCIA. FUMUS BONI IURIS E PERICULUM IN MORA NÃO DEMONSTRADOS. 1. No plano federal, o poder constituinte derivado submete-se aos limites formais e materiais fixados no art. 60 da Constituição da República, a ele não extensível a cláusula de reserva de iniciativa do Chefe do Poder Executivo, prevista de modo expresso no art. 61, §1º, apenas para o poder legislativo complementar e ordinário – poderes constituídos. 2. Impertinente a aplicação, às propostas de emenda à Constituição da República, da jurisprudência do Supremo Tribunal Federal quanto à inconstitucionalidade de emendas às constituições estaduais sem observância da reserva de iniciativa do Chefe do Poder Executivo, fundada na sujeição do poder constituinte estadual, enquanto poder constituído de fato, aos limites do ordenamento constitucional federal. 3. O conteúdo da Emenda Constitucional nº 74/2013 não se mostra assimilável às matérias do art. 61, §1º, II, "c", da Constituição da República, considerado o seu objeto: *a posição institucional da Defensoria Pública da União, e não o regime jurídico dos respectivos integrantes*. 4. *O art. 60, §4º, da Carta Política não veda ao poder constituinte derivado o aprimoramento do desenho institucional de entes com sede na Constituição. A concessão de autonomia às Defensorias Públicas da União, dos Estados e do Distrito Federal encontra respaldo nas melhores práticas recomendadas pela comunidade jurídica internacional e não se mostra incompatível, em si, com a ordem constitucional.*

Dias Toffoli[96] em que, primeiramente, fora apresentado um paralelo das defensorias públicas da União e do Distrito Federal com a situação verificada na Advocacia-Geral da União, sendo destacada a atuação do Min. Gilmar Mendes, quando era advogado-geral da União, para a criação de uma Advocacia de Estado que defenda o Estado Nacional e não meros interesses do governo, o que se inicia com a garantia da autonomia técnica de seus membros.

Aliás, repise-se, esse é o entendimento que se defende no presente trabalho, sendo estritamente necessário que seja conferida autonomia para a Advocacia de Estado a fim de que sua atuação seja em prol do ente federado representado e não dos interesses do governante que esteja no poder.

Logicamente, deve-se deixar claro que a criação das políticas públicas é de competência do Poder Executivo, devendo a Advocacia de Estado atuar na defesa dessas políticas com autonomia desde que se trate de propostas legítimas, constitucionais.

Em outras palavras, caso o governante proponha uma política pública que viole os interesses republicanos, é dever do procurador de estado, dotado de autonomia, não defender uma medida inconstitucional, ilegítima.

Para isso, portanto, é necessário que a carreira da Advocacia de Estado seja dotada da devida autonomia perante o Poder Executivo, tema que será adiante trabalhado.

Ampara-se em sua própria teleologia, enquanto tendente ao aperfeiçoamento do sistema democrático e à concretização dos direitos fundamentais do amplo acesso à Justiça (art. 5º, XXXV) e da prestação de assistência jurídica aos hipossuficientes (art. 5º, LXXIV). 5. Ao reconhecimento da legitimidade, à luz da separação dos Poderes (art. 60, §4º, III, da Lei Maior), de emenda constitucional assegurando autonomia funcional e administrativa à Defensoria Pública da União não se desconsidera a natureza das suas atribuições, que não guardam vinculação direta à essência da atividade executiva. Fumus boni juris não evidenciado. 6. Alegado risco de lesão aos cofres públicos sem relação direta com a vigência da norma impugnada, e sim com atos normativos supervenientes, supostamente nela calcados, é insuficiente para demonstrar a existência de fundado receio de dano irreparável ou de difícil reparação, requisito da concessão de medida cautelar em ação direta de inconstitucionalidade. Eventual exegese equivocada ou abusiva não conduz à inconstitucionalidade da emenda constitucional, somente inquinando de vício o ato do mau intérprete. Periculum in mora não demonstrado. Medida cautelar indeferida" (BRASIL. Supremo Tribunal Federal (Tribunal Pleno). Ação Direta de Inconstitucionalidade 5296 Medida Cautelar. Rel. Rosa Weber, j. 18.05.2016. Processo eletrônico. *DJe*, 240, divulg. 10.11.2016, public. 11.11.2016. Disponível em: https://portal.stf.jus.br/processos/detalhe.asp?incidente=4752359. Acesso em: 13 set. 2023).

[96] BRASIL. Supremo Tribunal Federal (Tribunal Pleno). Ação Direta de Inconstitucionalidade 5296. p. 159 e ss. Disponível em: https://portal.stf.jus.br/processos/downloadPeca.asp?id=310710836&ext=.pdf. Acesso em: 13 set. 2023.

Em continuidade, o Min. Toffoli[97] reforça seu entendimento quanto à disposição do tema na Constituição Federal, sendo evidente que o Ministério Público, a Advocacia Pública e a Defensoria Pública são instituições que não fazem parte da estrutura de nenhum dos três poderes.

Essas instituições precisam, portanto, da autonomia, como se defende nessa pesquisa, a fim de que sua atuação ocorra sempre voltada para os reais interesses tutelados por essas funções tão essenciais à Justiça, sendo, assim, nas palavras do Min. Toffoli,[98] um complexo orgânico de *instituições constitucionais* ou *instituições primárias do Estado democrático de direito*.

Percebe-se que a intenção daqueles que debateram e moldaram a Constituição brasileira foi justamente dotar essas instituições de características que permitam sua atuação, sem colocá-las internamente na estrutura de qualquer dos poderes do Estado.[99]

Nesse complexo constitucional, em que o Poder Judiciário tem se debruçado sobre a necessidade de confirmação da autonomia das instituições públicas, há uma outra decisão proferida no julgamento do Tema de Repercussão Geral nº 847[100] pelo Supremo Tribunal Federal, em que

---

[97] BRASIL. Supremo Tribunal Federal (Tribunal Pleno). Ação Direta de Inconstitucionalidade 5296. p. 160. Disponível em: https://portal.stf.jus.br/processos/downloadPeca.asp?id=310710836&ext=.pdf. Acesso em: 13 set. 2023.

[98] BRASIL. Supremo Tribunal Federal (Tribunal Pleno). Ação Direta de Inconstitucionalidade 5296. p. 160. Disponível em: https://portal.stf.jus.br/processos/downloadPeca.asp?id=310710836&ext=.pdf. Acesso em: 13 set. 2023.

[99] Nas palavras do Min. Dias Toffoli: "As *funções essenciais à Justiça* são, portanto, um *corpo apartado no regramento constitucional dos Poderes*, disposto em *capítulo próprio* dentro desse título, a *alardear a distinta natureza das funções ali constantes*" (BRASIL. Supremo Tribunal Federal (Tribunal Pleno). Ação Direta de Inconstitucionalidade 5296. p. 161. Disponível em: https://portal.stf.jus.br/processos/downloadPeca.asp?id=310710836&ext=.pdf. Acesso em: 13 set. 2023).

[100] "Ementa: RECURSO EXTRAORDINÁRIO REPRESENTATIVO DE CONTROVÉRSIA. *TEMA 847 DA SISTEMÁTICA DA REPERCUSSÃO GERAL. ACESSO À JUSTIÇA. ASSISTÊNCIA JURÍDICA INTEGRAL E GRATUITA ÀS PESSOAS NECESSITADAS. LIMITES À ATUAÇÃO DO PODER JUDICIÁRIO QUANTO AO PREENCHIMENTO DE CARGO DE DEFENSOR PÚBLICO EM LOCALIDADES DESAMPARADAS. AUTONOMIA DA DEFENSORIA PÚBLICA.* RECURSO A QUE SE NEGA PROVIMENTO. FIXAÇÃO DE TESE DE REPERCUSSÃO GERAL. I – *O perfil constitucional da Defensoria Pública, conferido pelas Emendas Constitucionais 45/2004, 73/2013 e 80/2014, buscou incrementar sua capacidade de autogoverno, assegurando-lhe autonomia funcional e administrativa com o objetivo de concretizar o acesso à justiça.* II – Em razão da autonomia da Defensoria Pública, a decisão sobre a lotação dos defensores públicos na prestação de assistência jurídica integral e gratuita às pessoas necessitadas deve ser tomada pelos órgãos de direção da entidade, a qual, necessariamente, observará critérios previamente definidos pela própria instituição, em atenção à efetiva demanda, cobertura populacional e hipossuficiência dos assistidos.

a Suprema Corte fixou a tese de que a decisão judicial que determine a lotação de defensor público em localidade desamparada, em desacordo com os critérios previamente definidos pela própria Defensoria, ofende a autonomia administrativa das defensorias públicas.

Essa decisão em sede de julgamento de tema com repercussão geral vem consolidar o entendimento do Poder Judiciário segundo o qual a autonomia conferida à Defensoria Pública garante que a referida instituição possa instituir os critérios para a alocação de defensores nas diversas localidade do ente político abrangido.

Verifica-se, assim, que a decisão da Suprema Corte no caso limita a própria atuação do Poder Judiciário nas lides relativas ao preenchimento de cargos de defensores nos locais desassistidos pelas defensorias públicas.

Observa-se o aperfeiçoamento do entendimento sobre a autonomia conferida à instituição ao ponto de balizar a atuação do Poder Judiciário no controle dessa temática tão importante na concretização da autonomia administrativa, a saber, a possibilidade de a própria Defensoria instituir o regramento para alocação de seus servidores.

Avançando na análise jurisprudencial, chega-se, então, à função essencial à Justiça da *Advocacia Pública*. Inicialmente, como um importante passo na busca da autonomia para as carreiras de Advocacia Pública, tem a consolidação do entendimento denominado de princípio da unicidade orgânica das procuradorias dos estados e do Distrito Federal, inserido no próprio art. 132, Constituição Federal, segundo o qual a representação judicial e a consultoria jurídica das unidades federadas são de exclusiva competência das carreiras dos procuradores dos estados e do Distrito Federal.

Esse princípio tem servido para impedir que a função institucional de defesa dos estados e do Distrito Federal seja conferida a carreiras que não a de procuradores, como foi a intenção do constituinte ao colocar essa regra na Carta Magna de 1988.

III – Medidas normativas ou judiciais que suprimam a autonomia da Defensoria Pública implicarão ofensa constitucional (art. 134, §2º). IV – Recurso a que se nega provimento. V – Fixação de tese: 'Ofende a autonomia administrativa das Defensorias Públicas decisão judicial que determine a lotação de defensor público em localidade desamparada, em desacordo com os critérios previamente definidos pela própria instituição, desde que observados os critérios do art. 98, caput, e §2º dos Atos das Disposições Constitucionais Transitórias – ADCT"' (BRASIL. Supremo Tribunal Federal (Tribunal Pleno). Recurso Extraordinário 887671. Rel. Marco Aurélio. Rel. p/ acórdão Ricardo Lewandowski, j. 08.03.2023. Processo eletrônico. Repercussão Geral – Mérito. *DJe*, s/n, divulg. 04.05.2023, public. 05.05.2023. Disponível em: https://portal.stf.jus.br/processos/detalhe.asp?incidente=4770601. Acesso em: 10 set. 2023).

O texto constitucional é claro ao determinar que aos procuradores dos estados e do Distrito Federal, organizados em carreira, na qual o ingresso dependerá de concurso público de provas e títulos, cabe a representação judicial e a consultoria jurídica das respectivas unidades federadas.

Diante da clareza na norma constitucional, a Suprema Corte tem decidido na defesa desse princípio da unicidade, como se verifica no julgamento da ADI nº 4.449,[101] de relatoria do Min. Marco Aurélio, em que se entendeu pela inconstitucionalidade das carreiras de procuradorias autárquicas e fundacionais à margem da estrutura da Procuradoria-Geral do Estado.

Desse julgamento, a relatoria[102] referendou o entendimento de que a regra constitucional aplicada à espécie não tem abertura semântica para acolher interpretação diferente daquela em que a representação judicial e a consultoria jurídica são de titularidade privativa dos procuradores dos estados e do Distrito Federal.

Como relatado,[103] não há interpretação que permita cindir a expressão "unidades federadas" do mencionado art. 132 em órgãos da Administração Pública direta e indireta.

Esse princípio, porém, como bem delineado no julgamento da ADI nº 4.449, possui exceção, a qual se encontra unicamente no art. 69

---

[101] "PROCESSO LEGISLATIVO – INICIATIVA. Ao *Chefe do Executivo local compete a iniciativa de projetos de lei concernentes à respectiva estrutura administrativa*, a teor do disposto nos artigos 61, §1º, inciso II, alínea 'c', da Constituição Federal, *aplicáveis aos Estados por força da simetria*. ADVOCACIA PÚBLICA ESTADUAL – UNICIDADE – PROCURADORIAS AUTÁRQUICAS E FUNDACIONAIS – INSTITUIÇÃO – INCONSTITUCIONALIDADE. *Ante o princípio da unicidade orgânica das Procuradorias estaduais – artigo 132 da Constituição Federal –, surge inconstitucional restrição, considerada manifestação do poder constituinte derivado local, do âmbito de atuação dos Procuradores do Estado à defesa e assessoramento jurídico dos órgãos da Administração direta mediante a 'constitucionalização' de carreiras de Procurador Autárquico e de Advogado de Fundação à margem da estrutura da Procuradoria-Geral do Estado, ressalvada regra excepcional contida no artigo 69 do Ato das Disposições Constitucionais Transitórias*" (BRASIL. Supremo Tribunal Federal (Tribunal Pleno). Ação Direta de Inconstitucionalidade 4449. Rel. Marco Aurélio, j. 28.03.2019. Processo eletrônico. *DJe*, 167, divulg. 31.07.2019, public. 01.08.2019. Disponível em: https://portal.stf.jus.br/processos/detalhe.asp?incidente=3934977. Acesso em: 13 set. 2023.

[102] BRASIL. Supremo Tribunal Federal (Tribunal Pleno). Ação Direta de Inconstitucionalidade 4449. Rel. Marco Aurélio, j. 28.03.2019. Processo eletrônico. *DJe*, 167, divulg. 31.07.2019, public. 01.08.2019. Disponível em: https://portal.stf.jus.br/processos/detalhe.asp?incidente=3934977. Acesso em: 13 set. 2023.

[103] BRASIL. Supremo Tribunal Federal (Tribunal Pleno). Ação Direta de Inconstitucionalidade 4449. Rel. Marco Aurélio, j. 28.03.2019. Processo eletrônico. *DJe*, 167, divulg. 31.07.2019, public. 01.08.2019. Disponível em: https://portal.stf.jus.br/processos/detalhe.asp?incidente=3934977. Acesso em: 13 set. 2023.

do Ato das Disposições Constitucionais Transitórias em que foi permitido que os Estados mantivessem consultorias jurídicas separadas de suas procuradorias-gerais ou advocacias-gerais, desde que, na data da promulgação da Constituição, tivessem órgãos distintos para as respectivas funções.

Essa exceção, com efeito, fora inserida no texto constitucional em razão de estados que, na época da promulgação da Carta Magna, tivessem esses órgãos separados.

Faz-se necessário destacar, como apresentado no início deste trabalho, que a realidade de criação das diversas procuradorias-gerais pelos estados brasileiros ocorre em momentos distintos e de diversas formas.

Como destacado pelo Min. Alexandre de Moraes no voto apresentado no julgamento da ADI nº 4.449,[104] na época da promulgação da Constituição Federal, a União era representada pelos procuradores da República, mas os estados federados tinham discricionariedade para disciplinar o assunto.

Em alguns estados, cabia ao Ministério Público estadual a representação em juízo do ente federado. Outros, porém, possuíam departamentos específicos para o exercício de seu mister. Outros estados, antes mesmo da determinação constitucional, já possuíam suas próprias procuradorias-gerais.

Diante desse quadro, aos estados-membros não é mais possível a criação de procuradorias autárquicas, cabendo às procuradorias-gerais a representação judicial e a consultoria da Administração direta e indireta dos entes federados.

Um outro julgamento emblemático quanto ao princípio da unicidade das procuradorias-gerais é a ADI nº 145, de relatoria do Min. Dias Toffoli, a qual trata de diversas carreiras e sua regulamentação na Constituição do Estado do Ceará. Desse julgamento, importante destacar o que trata justamente dos procuradores.

Essa ação fora proposta em 1989, na época distribuída ao Min. Celso de Mello, tendo como autor o próprio Governo do Estado do

---

[104] BRASIL. Supremo Tribunal Federal (Tribunal Pleno). Ação Direta de Inconstitucionalidade 4449. Rel. Marco Aurélio, j. 28.03.2019. Processo eletrônico. *DJe*, 167, divulg. 31.07.2019, public. 01.08.2019. Disponível em: https://portal.stf.jus.br/processos/detalhe.asp?incidente=3934977. Acesso em: 13 set. 2023.

Ceará. O julgamento de mérito desse caso ocorreu apenas em 20.6.2018,[105] entendendo-se justamente que toda a atividade jurídica das unidades federadas estaduais e distrital, seja ela consultiva, seja contenciosa, incluindo, destaquem-se, as autarquias e as fundações, deve ser exercida exclusivamente pelas procuradorias-gerais estaduais e distrital.

Com base nesse princípio, na defesa da competência privativa da representação judicial e da consultoria jurídica pelas procuradorias-gerais, sublinhe-se que a Associação Nacional dos Procuradores dos Estados e do Distrito Federal – Anape tem entrado com diversas ações constitucionais para garantir a correta aplicação do art. 132 da Constituição Federal.

Nessas ações, tem se buscado a declaração de inconstitucionalidade de normas locais que criaram procuradorias específicas como aquelas relativas aos departamentos estaduais de trânsito e às juntas comerciais locais.

Podem-se citar as recentes ADI nº 7.420, ADI nº 7.421 e ADI nº 7.422, as quais foram propostas em julho de 2023 pela Anape, contestando,

---

[105] "EMENTA Ação direta de inconstitucionalidade. Artigos e expressões da Constituição do Estado do Ceará, promulgada em 5 de outubro de 1989, e de suas Disposições Constitucionais Transitórias. Parcial prejudicialidade. Alteração substancial. Eficácia exaurida. Mérito. Autonomia financeira do Ministério Público. Vedação de equiparação e vinculação remuneratória. Artigo 37, VIII, e art. 39, §1º, da CF. *Vedação de criação de procuradorias autárquicas. Artigo 132 da CF.* Vício formal. Prerrogativa de propositura legislativa dos Poderes Executivo e Judiciário. Procedência parcial do pedido. [...] 5. O art. 152, parágrafo único, da Constituição do Estado do Ceará, ao estabelecer que o Governador do Estado deve encaminhar à Assembleia Legislativa projeto de lei dispondo sobre a organização e o funcionamento da Procuradoria-Geral do Estado e das procuradorias autárquicas, admite, de forma geral e para o futuro, a existência de órgãos jurídicos, no âmbito das autarquias e fundações, distintos da Procuradoria-Geral do Estado, em clara afronta ao modelo constitucional do art. 132 da Carta Federal. *A Constituição Federal estabeleceu um modelo de exercício exclusivo, pelos procuradores do estado e do Distrito Federal, de toda a atividade jurídica das unidades federadas estaduais e distrital – o que inclui as autarquias e as fundações –, seja ela consultiva ou contenciosa.* A previsão constitucional, também conhecida como *princípio da unicidade da representação judicial e da consultoria jurídica dos estados e do Distrito Federal,* estabelece competência funcional exclusiva da procuradoria-geral do estado. A exceção prevista no art. 69 do ADCT deixou evidente que, após a Constituição de 1988, não é mais possível a criação de órgãos jurídicos distintos da procuradoria-geral do estado, sendo admitida apenas a manutenção daquelas consultorias jurídicas já existentes quando da promulgação da Carta. Trata-se de exceção direcionada a situações concretas e do passado, que, por essa razão, deve ser interpretada restritivamente, inclusive com atenção à diferenciação entre os termos 'consultoria jurídica' e 'procuradoria jurídica', uma vez que essa última pode englobar as atividades de consultoria e representação judicial. [...] 11. Ação direta da qual se conheceu em parte, relativamente à qual a ação é julgada parcialmente procedente" (BRASIL. Supremo Tribunal Federal (Tribunal Pleno). Ação Direta de Inconstitucionalidade 145. Rel. Dias Toffoli, j. 20.06.2018. Processo eletrônico. *DJe,* 162, divulg. 09.08.2018, public. 10.08.2018. Disponível em: https://portal.stf.jus.br/processos/detalhe.asp?incidente=1492555. Acesso em: 11 set. 2023).

respectivamente, em face do art. 132 da Constituição Federal: normas estaduais que disciplinaram a criação de procuradorias para autarquias estaduais, especificamente no Departamento de Estradas de Rodagem e Transportes (DER-RO) e na Junta Comercial (Jucer-RO) – ADI nº 7.420; normas estaduais que disciplinaram a criação de procuradorias para autarquias estaduais, especificamente, no caso, na Agência de Defesa Sanitária Agrosilvopastoril do Estado de Rondônia (Idaron) – ADI nº 7.421; e normas estaduais que disciplinaram a criação de procuradorias para autarquias estaduais, especificamente no Departamento Estadual de Trânsito de Rondônia (Detran) – ADI nº 7.422.

Diante da criatividade legislativa, é comum encontrar diversas ações[106] propostas a fim de preservar a unicidade da representação

---

[106] "Ação direta de inconstitucionalidade. 2. Artigo 245, I, (atual 248, I) da Constituição do Estado do Rio de Janeiro. 3. Artigo renumerado e em vigor. Inexistência de revogação. Afastada prejudicialidade. 4. *Criação de Procuradoria do Instituto Estadual de Terras e Cartografia. Procuradores de Autarquia desvinculados da Procuradoria-Geral do Estado.* 5. Alegação de ofensa aos artigos 132 da Constituição e 69 do ADCT. 6. *Descentralização. Usurpação da competência funcional exclusiva da Procuradoria-Geral do Estado.* 7. *Ausência de previsão constitucional expressa para a descentralização funcional da Procuradoria-Geral do Estado.* 8. Inaplicabilidade da hipótese prevista no artigo 69 do ADCT. Inexistência de órgãos distintos da Procuradoria estadual à data da promulgação da Constituição. Precedentes. 9. Ação julgada procedente" (BRASIL. Supremo Tribunal Federal (Tribunal Pleno). Ação Direta de Inconstitucionalidade 241. Rel. Gilmar Mendes, j. 11.04.2019. Processo eletrônico. *DJe*, 093, divulg. 06.05.2019, public. 07.05.2019. Disponível em: https://portal.stf.jus.br/processos/detalhe.asp?incidente=1496734. Acesso em: 10 set. 2023). "Ementa: Direito constitucional e Administrativo. Ação direta de inconstitucionalidade. *Lei estadual que atribui a consultoria e o assessoramento jurídico de autarquia a agentes que não são procuradores do estado.* 1. Ação direta de inconstitucionalidade contra dispositivos da Lei nº 7.751/2015, do Estado de Alagoas, que, ao reestruturar a gestão do regime próprio de previdência dos servidores públicos estaduais, criou a autarquia denominada Alagoas Previdência, como unidade gestora única, estruturando seus órgãos internos e definindo as respectivas competências. Atribuição de funções de consultoria e assessoramento jurídico a órgãos e agentes da própria autarquia, em estrutura paralela à Procuradoria-Geral do Estado. 2. *O art. 132 da Constituição Federal confere aos Procuradores dos Estados e do Distrito Federal, organizados em carreira única, a atribuição exclusiva das funções de representação judicial, consultoria e assessoramento jurídico das unidades federativas.* 3. *O modelo constitucional da atividade de representação judicial e consultoria jurídica dos Estados exige a unicidade orgânica da advocacia pública estadual, incompatível com a criação de órgãos jurídicos paralelos para o desempenho das mesmas atribuições no âmbito da Administração Pública Direta ou Indireta. Precedentes.* 4. Pedido julgado procedente, para (i) dar interpretação conforme ao art. 7º, V e §§4º e 8º, da Lei nº 7.751/2015, do Estado de Alagoas, para que o diretor jurídico da autarquia e seus eventuais substitutos sejam necessariamente Procuradores do Estado, (ii) declarar a inconstitucionalidade da palavra 'jurídica', constante do art. 13, VII, da Lei nº 7.751/2015, do Estado de Alagoas e (iii) dar interpretação conforme ao Anexo I da referida lei, de modo que o assessoramento jurídico ali previsto seja compreendido como atividade instrumental, de assistência e auxílio aos Procuradores do Estado. Tese: 'É inconstitucional a criação de Procuradorias Autárquicas no âmbito dos Estados e do Distrito Federal, em razão da violação à unicidade orgânica da advocacia pública estadual'" (BRASIL. Supremo Tribunal Federal (Tribunal Pleno). Ação Direta de Inconstitucionalidade 6397. Rel. Roberto Barroso, Tribunal Pleno, j. 22.02.2023. Processo eletrônico. *DJe*, s/n, divulg. 01º.03.2023, public. 02.03.2023).

judicial e consultoria jurídica por parte das procuradorias dos estados e do Distrito Federal, o que demonstra a essencialidade dessa instituição para a Justiça brasileira, devendo ocorrer avanços na autonomia a ser conferida à Advocacia de Estado como se defende no presente trabalho.

Inclusive, destaque-se o caso recentemente julgado, no Plenário Virtual do STF, em 11.3.2024, em que, analisando o mérito da ADI nº 7.218,[107] ação proposta pela Anape em face de leis do Estado da Paraíba, a Suprema Corte, por maioria, julgou parcialmente procedentes os pedidos formulados na inicial.

Nesse julgamento, foi reafirmado o princípio da unicidade da advocacia pública estadual ao declarar a inconstitucionalidade de leis locais que criavam cargos de procuradores em entidades estaduais fora dos quadros da procuradoria-geral daquele estado.

Sublinhe-se que a Anape, conforme seu estatuto,[108] é uma associação nacional responsável por representar e defender, com exclusividade, no Brasil, os interesses relacionados com o exercício funcional dos associados, consolidando a Advocacia de Estado como função essencial à Justiça, à legalidade da Administração Pública e ao Estado democrático de direito.

Com esse propósito, em pesquisa[109] no catálogo processual do Supremo Tribunal Federal, encontra-se, até julho de 2023, 168 processos que tem a Anape como parte, sendo os últimos relativos à defesa do princípio da unicidade das procuradorias e o primeiro a ADI nº 824.[110]

A referida ADI nº 824 fora proposta em janeiro de 1993, na busca da declaração de inconstitucionalidade da Lei nº 6.094, de 29.10.1992,

---

[107] BRASIL. Supremo Tribunal Federal (Tribunal Pleno). Ação Direta de Inconstitucionalidade 7218. Rel. Dias Toffoli, j. 11.03.2024, publicado em 14.03.2024. Disponível em: https://portal.stf.jus.br/processos/detalhe.asp?incidente=6449819. Acesso em: 21 de março de 2024.

[108] ANAPE – ASSOCIAÇÃO NACIONAL DOS PROCURADORES DOS ESTADOS E DO DISTRITO FEDERAL. *Estatuto da Associação Nacional dos Procuradores dos Estados e do Distrito Federal* – Anape. Disponível em: https://anape.org.br/images/Estatuto/ESTATUTO_ANAPE_2023.pdf. Acesso em: 8 set. 2023.

[109] Busca no *site* da Suprema Corte pelo parâmetro nome da parte, no caso, a Associação Nacional dos Procuradores dos Estados e do Distrito Federal (Disponível em: https://portal.stf.jus.br/).

[110] "EMENTA: CONSTITUCIONAL. LEI ESTADUAL QUE CRIA GRUPO ESPECIAL DE ADVOGADOS COMPOSTO POR OCUPANTES DE CARGO PÚBLICO DE ADVOGADO NA ADMINISTRAÇÃO PÚBLICA DIRETA, AUTÁRQUICA E FUNDACIONAL. CARACTERIZADO O ENQUADRAMENTO AUTOMÁTICO, SEM CONCURSO PÚBLICO. *OFENSA AO ART. 37, II, DA CF*. AÇÃO JULGADA PROCEDENTE" (BRASIL. Supremo Tribunal Federal (Tribunal Pleno). Ação Direta de Inconstitucionalidade 824. Rel. Nelson Jobim, j. 23.05.2001. *DJ*, 10.08.2001 PP-00002, ement vol. 02038-01 PP-00069. Disponível em: https://portal.stf.jus.br/processos/detalhe.asp?incidente=1555258. Acesso em: 10 set. 2023).

do Estado do Mato Grosso, a qual criara um grupo especial de advogados composto por ocupantes de cargo público de advogado na Administração Pública direta, autárquica e fundacional. Esse grupo tinha como atribuição principal o assessoramento jurídico do órgão em que se encontra lotado ou outro órgão público, conforme critério da própria Administração Pública.

Esse caso fora julgado procedente diante do enquadramento automático dos integrantes do mencionado grupo sem concurso público em clara ofensa ao art. 37, II, da Carta Magna.

A Anape foi fundada em 1983,[111] tendo participado em 1984 da chamada "comissão dos notáveis" com o objetivo de criar o esboço da Constituição Federal de 1988. Como fruto de sua atuação, tem a inclusão do próprio art. 132 na Carta Magna brasileira, tendo atuado para retirar as procuradorias-gerais da função de mero órgão subordinado ao Poder Executivo, consolidando a Advocacia de Estado como função essencial à Justiça.

Prosseguindo ainda no que tange ao princípio da unicidade das procuradorias-gerais, além da clara exceção constitucional inserta no art. 69 do Atos das Disposições Constitucionais Transitórias, tem a possibilidade reconhecida pela Suprema Corte de que existam procuradorias específicas vinculadas unicamente aos poderes Legislativo e Judiciário e ao Tribunal de Contas.

Quanto às procuradorias dos poderes Legislativo e Judiciário, pode-se mencionar a ADI nº 6.433,[112] de relatoria do Min. Gilmar Mendes,

---

[111] ANAPE – ASSOCIAÇÃO NACIONAL DOS PROCURADORES DOS ESTADOS E DO DISTRITO FEDERAL. *Histórico*. Disponível em: https://anape.org.br/institucional/historico. Acesso em: 8 set. 2023.

[112] "Ação direta de inconstitucionalidade. 2. Emenda Constitucional n. 44 à Constituição do Estado do Paraná. Arts. 124-A e 243-B da Constituição do referido Estado. 3. Criação de Procuradoria em Assembleia Legislativa. Não há óbice à existência de procuradoria especial na Assembleia Legislativa. Interpretação conforme à Constituição. *A atuação da referida procuradoria há de se limitar aos casos em que o Poder Legislativo atua em na defesa de sua autonomia, de suas prerrogativas e de sua independência*. 4. Conversão dos cargos de Assessor Jurídico em Consultor Jurídico. Mera alteração da denominação do cargo. Constitucionalidade. 5. Carreira específica encarregada da representação judicial extraordinária do Poder Judiciário estadual. Interpretação conforme à Constituição. Necessária observância de normas de procedimento destinadas a garantir a efetiva obediência ao regramento constitucional da advocacia pública (Constituição, arts. 37 e 131 a 133). 6. *É constitucional a instituição de órgãos, funções ou carreiras especiais voltadas à consultoria e assessoramento jurídicos dos Poderes Judiciário e Legislativo estaduais, admitindo-se a representação judicial extraordinária exclusivamente nos casos em que os referidos entes despersonalizados necessitem praticar em juízo, em nome próprio, atos processuais na defesa de sua autonomia, prerrogativas e independência face aos demais Poderes, desde que a atividade desempenhada pelos referidos órgãos, funções e carreiras especiais remanesça*

em que se fixou a tese de que é constitucional a criação de órgãos, funções ou carreiras especiais com a função institucional de prestar consultoria e assessoria jurídicas aos poderes Judiciário e Legislativo estaduais, sendo admitida, nesses casos, a representação judicial extraordinária exclusivamente nos casos em que os referidos entes despersonalizados necessitem praticar em juízo, em nome próprio, atos processuais na defesa de sua autonomia, prerrogativas e independência face aos demais poderes.

Sublinhe-se que a condição para a existência desses órgãos específicos dos poderes Legislativo e Judiciário é que sua atuação seja devidamente apartada da atividade-fim do poder estadual a que se encontram vinculados.

Em relação às procuradorias dos tribunais de contas, tem-se o julgamento da ADI nº 4.070,[113] de relatoria da Min. Cármen Lúcia, em que se fixou o entendimento de que é possível, como definido para as procuradorias dos poderes Legislativo e Judiciário, que existam procuradorias específicas para os tribunais de contas, sendo-lhes vedado, porém, cobrar judicialmente multas aplicadas em decisões administrativas definitivas do próprio tribunal de contas.

Um outro caso que se amolda à exceção ora apresentada é, segundo a Suprema Corte,[114] a possibilidade de que existam procuradorias

---

devidamente apartada da atividade-fim do Poder Estadual a que se encontram vinculados. 7. Ação direta de inconstitucionalidade julgada parcialmente procedente" (BRASIL. Supremo Tribunal Federal (Tribunal Pleno). Ação Direta de Inconstitucionalidade 6433. Rel. Gilmar Mendes, j. 03.04.2023. Processo eletrônico. *DJe*, s/n, divulg. 24.05.2023, public. 25.05.2023. Disponível em: https://portal.stf.jus.br/processos/detalhe.asp?incidente=5917259. Acesso em: 13 set. 2023).

[113] "EMENTA: AÇÃO DIRETA DE INCONSTITUCIONALIDADE. CONSTITUCIONAL. LEI COMPLEMENTAR RONDONIENSE N. 399/2007, QUE CRIA E ORGANIZA A *PROCURADORIA-GERAL DO TRIBUNAL DE CONTAS DO ESTADO.* CONSONÂNCIA AO ART. 132 DA CONSTITUIÇÃO DA REPÚBLICA. AÇÃO DIRETA DE INCONSTITUCIONALIDADE N. 94/RO. ART. 3º, INC. V, DA LEI COMPLEMENTAR N. 399/2007. *INCONSTITUCIONALIDADE DA NORMA AUTORIZADORA DA PROCURADORIA DO TRIBUNAL DE CONTAS ESTADUAL A COBRAR JUDICIALMENTE MULTAS APLICADAS EM DECISÕES DEFINITIVAS.* RECURSO EXTRAORDINÁRIO N. 223.037/SE. AÇÃO JULGADA PARCIALMENTE PROCEDENTE" (BRASIL. Supremo Tribunal Federal (Tribunal Pleno). Ação Direta de Inconstitucionalidade 4070. Rel. Cármen Lúcia, j. 19.12.2016. Acórdão eletrônico. *DJe*, 168, divulg. 31.07.2017, public. 01.08.2017. Disponível em: https://portal.stf.jus.br/processos/detalhe.asp?incidente=2611495. Acesso em: 10 set. 2023).

[114] "Ementa: Direito Constitucional e Administrativo. Ação direta de inconstitucionalidade. Emenda à Constituição Estadual que cria o cargo de Procurador Autárquico, em estrutura paralela à Procuradoria do Estado. Inconstitucionalidade formal e material. [...] 3. *O modelo constitucional da atividade de representação judicial e consultoria jurídica dos Estados exige a unicidade orgânica da advocacia* pública estadual, incompatível com a criação de órgãos jurídicos

específicas para as universidades estaduais, o que se justifica com base na autonomia didático-científica, administrativa, financeira e patrimonial das universidades, conforme o *caput* do art. 207, CF/88.[115]

Na continuidade da defesa das procuradorias dos estados e do Distrito Federal, deve-se considerar que, alinhado com o princípio da unicidade, também não é possível que sejam criados cargos em comissão para o assessoramento jurídico do Poder Executivo, o que compete, como já apresentado, às respectivas procuradorias-gerais.

Nesse sentido é a jurisprudência pacífica da Suprema Corte, podendo-se exemplificar com o julgamento da ADI nº 4.261,[116] de

---

paralelos para o desempenho das mesmas atribuições no âmbito da Administração Pública Direta ou Indireta, *com exceção dos seguintes casos:* (i) procuradorias jurídicas nas *Assembleias Legislativas e Tribunais de Contas para a defesa de sua autonomia e assessoramento jurídico de suas atividades internas* (ADI 94, Rel. Min. Gilmar Mendes; (ii) *contratação de advogados particulares em casos especiais* (Pet 409-AgR, Rel. Min. Celso de Mello); e (iii) *consultorias paralelas à advocacia estadual que já exerciam esse papel à época da promulgação da Constituição de 1988* (art. 69 do ADCT). 4. Na linha dos precedentes desta Corte, considero que *as universidades estaduais também podem criar e organizar procuradorias jurídicas, em razão de sua autonomia didático-científica, administrativa, financeira e patrimonial (art. 207, caput, CF/88). Tais órgãos jurídicos exercem um papel fundamental na defesa dos interesses das universidades, inclusive em face dos próprios Estados-membros que as constituíram*. Portanto, em razão da autonomia universitária e seguindo a lógica da jurisprudência do Supremo Tribunal Federal na matéria, a existência dessas procuradorias não viola o art. 132 da Constituição. [...] 6. Procedência do pedido, com a fixação da seguinte tese: 'É inconstitucional a criação de Procuradorias Autárquicas no âmbito dos Estados e do Distrito Federal, em razão da violação à unicidade orgânica da advocacia pública estadual'" (BRASIL. Supremo Tribunal Federal (Tribunal Pleno). Ação Direta de Inconstitucionalidade 5215. Rel. Roberto Barroso, j. 28.03.2019. Processo eletrônico. *DJe*, 167, divulg. 31.07.2019, public. 01.08.2019. Disponível em: https://portal.stf.jus.br/processos/detalhe.asp?incidente=4694838. Acesso em: 13 set. 2023).

[115] CF/88: "Art. 207. As *universidades* gozam de *autonomia didático-científica, administrativa e de gestão financeira e patrimonial*, e obedecerão ao princípio de indissociabilidade entre ensino, pesquisa e extensão".

[116] "EMENTA: CONSTITUCIONAL. AÇÃO DIRETA DE INCONSTITUCIONALIDADE. ANEXO II DA LEI COMPLEMENTAR 500, DE 10 DE MARÇO DE 2009, DO ESTADO DE RONDÔNIA. ERRO MATERIAL NA FORMULAÇÃO DO PEDIDO. PRELIMINAR DE NÃO-CONHECIMENTO PARCIAL REJEITADA. *MÉRITO. CRIAÇÃO DE CARGOS DE PROVIMENTO EM COMISSÃO DE ASSESSORAMENTO JURÍDICO NO ÂMBITO DA ADMINISTRAÇÃO DIRETA. INCONSTITUCIONALIDADE*. 1. Conhece-se integralmente da ação direta de inconstitucionalidade se, da leitura do inteiro teor da petição inicial, se infere que o pedido contém manifesto erro material quanto à indicação da norma impugnada. 2. *A atividade de assessoramento jurídico do Poder Executivo dos Estados é de ser exercida por procuradores organizados em carreira, cujo ingresso depende de concurso público de provas e títulos, com a participação da Ordem dos Advogados do Brasil em todas as suas fases, nos termos do art. 132 da Constituição Federal. Preceito que se destina à configuração da necessária qualificação técnica e independência funcional desses especiais agentes públicos. 3. É inconstitucional norma estadual que autoriza a ocupante de cargo em comissão o desempenho das atribuições de assessoramento jurídico, no âmbito do Poder Executivo. Precedentes*. 4. Ação que se julga procedente" (BRASIL. Supremo Tribunal Federal (Tribunal Pleno). Ação Direta de Inconstitucionalidade 4261. Rel. Ayres Britto, j. 02.08.2010, *DJe*, 154, divulg. 19.08.2010, public. 20.08.2010, ement vol. 02411-02

relatoria do Min. Ayres Britto, em que se considerou inconstitucional norma do Estado de Rondônia que autorizava que ocupante de cargo em comissão exercesse atribuições de assessoramento jurídico, no âmbito do Poder Executivo estadual.

Prosseguindo, outro tema pertinente[117] que leva à necessária autonomia que os procuradores dos estados devem gozar está no entendimento da Suprema Corte de que o rateio dos honorários sucumbenciais

---

PP-00321. *RT*, v. 99, n. 901, 2010, p. 132-135. *LEXSTF*, v. 32, n. 381, 2010. Disponível em: https://portal.stf.jus.br/processos/detalhe.asp?incidente=2687834. Acesso em: 10 set. 2023).

[117] "Ementa: ARGUIÇÃO DE DESCUMPRIMENTO DE PRECEITO FUNDAMENTAL. ART. 12 DA LEI 4.708/1992 E RESOLUÇÃO CGPE 256/2012, AMBAS DO ESTADO DO ESPÍRITO SANTO, QUE CONCEDEM E DISCIPLINAM O *RATEIO DOS HONORÁRIOS SUCUMBENCIAIS AOS PROCURADORES DE ESTADO. CONSTITUCIONALIDADE. COMPATIBILIDADE COM O REGIME DE REMUNERAÇÃO POR SUBSÍDIO. IMPERIOSA OBSERVÂNCIA DO TETO CONSTITUCIONAL.* ART. 37, XI, DA CF. INTERPRETAÇÃO CONFORME À CONSTITUIÇÃO. ARGUIÇÃO JULGADA PARCIALMENTE PROCEDENTE. I – *O Supremo Tribunal Federal sedimentou o entendimento no sentido da constitucionalidade da percepção dos honorários sucumbenciais pelos membros da Advocacia Pública, os quais ostentam nítida natureza remuneratória pelos exitosos serviços prestados. Precedentes.* II - *A remuneração por meio de subsídio não obsta o recebimento de honorários sucumbências por advogados públicos. Precedentes.* III - *A soma dos honorários sucumbenciais e das demais verbas remuneratórias deve ser limitada ao teto constitucional previsto no art. 37, XI, da Constituição Federal, especialmente porque a percepção dos honorários se dá em razão do exercício do relevante cargo público exercido. Precedentes.* IV - Arguição de descumprimento de preceito fundamental julgada parcialmente procedente para conferir interpretação conforme à Constituição ao art. 12 da Lei 4.708/1992 e, por arrastamento, à Resolução 256/2012 do Conselho Superior da Procuradoria-Geral do Estado – CPGE, ambas do Estado do Espírito Santo, afirmando que a soma total das remunerações, incluindo os honorários de sucumbência percebidos mensalmente pelos membros da PGE/ES, deverá obedecer ao teto remuneratório constitucional dos Ministros do Supremo Tribunal Federal, estabelecido pelo art. 37, XI, da CF" (ADPF 598. Rel. Ricardo Lewandowski, Tribunal Pleno, j. 21.06.2021. Processo eletrônico. *DJe*, 128, divulg. 29.06.2021, public. 30.06.2021). "Ementa: CONSTITUCIONAL E ADMINISTRATIVO. *INTERDEPENDÊNCIA E COMPLEMENTARIDADE DAS NORMAS CONSTITUCIONAIS PREVISTAS NOS ARTIGOS 37, CAPUT, XI, E 39, §§4º E 8º, E DAS PREVISÕES ESTABELECIDAS NO TÍTULO IV, CAPÍTULO IV, SEÇÕES II E IV, DO TEXTO CONSTITUCIONAL. POSSIBILIDADE DO RECEBIMENTO DE VERBA DE HONORÁRIOS DE SUCUMBÊNCIA POR ADVOGADOS PÚBLICOS CUMULADA COM SUBSÍDIO. NECESSIDADE DE ABSOLUTO RESPEITO AO TETO CONSTITUCIONAL DO FUNCIONALISMO PÚBLICO.* 1. A natureza constitucional dos serviços prestados pelos advogados públicos possibilita o recebimento da verba de honorários sucumbenciais, nos termos da lei. *A CORTE, recentemente, assentou que 'o artigo 39, §4º, da Constituição Federal, não constitui vedação absoluta de pagamento de outras verbas além do subsídio'* (ADI 4.941, Rel. Min. TEORI ZAVASCKI, Relator p/ acórdão, Min. LUIZ FUX, DJe de 7/2/2020). 2. Nada obstante compatível com o regime de subsídio, sobretudo quando estruturado como um modelo de remuneração por performance, com vistas à eficiência do serviço público, *a possibilidade de advogados públicos perceberem verbas honorárias sucumbenciais não afasta a incidência do teto remuneratório estabelecido pelo art. 37, XI, da Constituição Federal.* 3. AÇÃO PARCIALMENTE PROCEDENTE" (BRASIL. Supremo Tribunal Federal (Tribunal Pleno). Ação Direta de Inconstitucionalidade 6165. Rel. Alexandre de Moraes, Tribunal Pleno, j. 22.06.2020. Processo eletrônico. *DJe*, 197, divulg. 06.08.2020, public. 07.08.2020. Disponível em: https://portal.stf.jus.br/processos/detalhe.asp?incidente=5721550. Acesso em: 13 set. 2023).

aos procuradores dos estados e do Distrito Federal, desde que respeitado o limite do teto constitucional, não viola o regime constitucional de remuneração por subsídio.

Além da possibilidade de rateio de honorários sucumbenciais entre os advogados de estado, tem-se a questão do foro por prerrogativa de função em que a Suprema Corte entende não ser possível que os estados e o Distrito Federal atribuam prerrogativa de foro a autoridades não abarcadas pelo legislador constituinte federal.

Com base nesse entendimento, no julgamento da ADI nº 6.505,[118] de relatoria do Min. Nunes Marques, o Plenário do STF entendeu pela inconstitucionalidade de trechos da Constituição do Estado do Rio de Janeiro, que conferia prerrogativa de foro para procuradores do estado e da Assembleia Legislativa, defensores públicos e delegados de polícia.

Essa decisão mostra como a Constituição Federal serve de baliza na definição dos contornos das carreiras públicas, impondo limites à autonomia das funções públicas sempre com o fim último do bem de todos.

---

[118] "EMENTA AÇÃO DIRETA DE INCONSTITUCIONALIDADE. *FORO POR PRERROGATIVA DE FUNÇÃO. EXCEÇÃO À REGRA DO JUIZ NATURAL. CONSTITUIÇÃO DO ESTADO DO RIO DE JANEIRO. EXTENSÃO A PROCURADOR DE ESTADO, PROCURADOR DA ASSEMBLEIA LEGISLATIVA, DEFENSOR PÚBLICO E DELEGADO DE POLÍCIA. PRINCÍPIOS CONSTITUCIONAIS DA REPÚBLICA E DA ISONOMIA. INCONSTITUCIONALIDADE MATERIAL.* 1. A previsão, pelo constituinte estadual, de foro por prerrogativa de função não padece de inconstitucionalidade formal, uma vez que o art. 125, caput e §1º, da Constituição Federal confere aos Estados atribuição para organizar a própria Justiça e definir a competência dos tribunais, observados os princípios inseridos na Lei Maior. 2. *O Supremo, revisitando a jurisprudência sobre o tema da prerrogativa de função, por ocasião do julgamento da ADI 2.553, Redator do acórdão o ministro Alexandre de Moraes, consolidou entendimento segundo o qual a Constituição da República estabeleceu como regra a cognição plena da primeira e da segunda instância como juiz natural para o processo criminal e fixou, de modo expresso, as exceções ao duplo grau de jurisdição nas esferas federal, estadual e municipal, quanto a autoridades de todos os Poderes.* 3. Não cabe aos Estados atribuir prerrogativa de foro a autoridades não abarcadas pelo legislador constituinte federal. Inconstitucionalidade material quanto à instituição da referida prerrogativa para procuradores do Estado e da Assembleia Legislativa, defensores públicos e delegados de polícia. Precedentes: ADIs 2.553, DJe de 17 de agosto de 2020; 6.512, DJe de 10 de fevereiro de 2021; 6.518, DJe de 15 de abril de 2021; 6.514, DJe de 4 de maio de 2021; 5.591, DJe de 5 de maio de 2021; 6.501, DJe de 16 de setembro de 2021; 6.508, DJe de 16 de setembro de 2021; 6.515, DJe de 16 de setembro de 2021; e 6.516, DJe de 16 de setembro de 2021. 4. Pedido julgado procedente para declarar-se, com efeitos ex nunc, a inconstitucionalidade do trecho 'das Procuradorias Gerais do Estado, da Assembleia Legislativa e da Defensoria Pública e os Delegados de Polícia' contido no art. 161, IV, 'd', item 2, da Constituição do Estado do Rio de Janeiro" (BRASIL. Supremo Tribunal Federal (Tribunal Pleno). Ação Direta de Inconstitucionalidade 6505. Rel. NUNES MARQUES, j. 16.05.2022. Processo eletrônico. *DJe*, 107, divulg. 01.06.2022, public. 02.06.2022. Disponível em: https://portal.stf.jus.br/processos/detalhe.asp?incidente=5971367. Acesso em: 13 set. 2023).

Outros elementos relacionados com a autonomia das procuradorias-gerais podem também ser analisados com base nos entendimentos jurisprudenciais produzidos pela Suprema Corte.

Aliás, verifica-se que, com o transcurso do tempo, após a promulgação da Constituição Federal de 1988, tem ocorrido o amadurecimento da compreensão da função dos procuradores dos estados e do Distrito Federal, sendo importante que seja dado um passo concreto, seja por meio do Legislativo, seja do Judiciário, na garantia da autonomia aos advogados públicos.

Nesse sentido, avançando no aperfeiçoamento institucional dos procuradores dos estados, tem-se o julgamento da ADI nº 2.820,[119] de relatoria do Min. Nunes Marques, em que se entendeu que, com base na autonomia dos estados e do Distrito Federal, cabe ao Poder Constituinte decorrente disciplinar a escolha das chefias das procuradorias-gerais,

---

[119] "EMENTA EMENDA À CONSTITUIÇÃO ESTADUAL. PROCURADORIA-GERAL DA ASSEMBLEIA LEGISLATIVA. EQUIPARAÇÃO REMUNERATÓRIA DE SEUS INTEGRANTES COM OS MEMBROS DA PROCURADORIA-GERAL DO ESTADO. REPRESENTAÇÃO JUDICIAL E EXTRAJUDICIAL. *ATRIBUIÇÃO DE INTERPRETAÇÃO CONFORME À CONSTITUIÇÃO CONSIDERADOS OS PROCESSOS RELACIONADOS À AUTONOMIA E INDEPENDÊNCIA EM FACE DOS DEMAIS PODERES. NOMEAÇÃO DO PROCURADOR-GERAL DENTRE MEMBROS DA CARREIRA. PRERROGATIVA DE FORO PARA INTEGRANTES DA PROCURADORIA-GERAL DO ESTADO E DA ASSEMBLEIA LEGISLATIVA.* [...] 3. A Constituição de 1988 não estabeleceu norma acerca dos critérios direcionados à *escolha da chefia das Procuradorias dos Estados e do Distrito Federal, remetendo a disciplina da matéria ao Poder Constituinte decorrente, considerada a autonomia estadual e distrital, de sorte que não se aplicam, por simetria, os requisitos para a definição do cargo de Advogado-Geral da União.* Assim, o art. 122, §6º, da Constituição do Estado do Espírito Santo, na redação dada pela Emenda de n. 108/2017, encerra tema que não se confunde com aquele de iniciativa legislativa exclusiva do Chefe do Executivo (CF, art. 61, §1º, II). Dispositivo constitucional segundo a compreensão majoritária do Plenário, nos termos do precedente firmado na ADI 4.898, ministra Cármen Lúcia, com ressalva de entendimento pessoal. 4. *Descabe a criação de foro privilegiado, por prerrogativa de função, para integrantes das carreiras de procurador nos Estados-Membros e no Distrito Federal. Precedentes.* 5. Modulam-se os efeitos da decisão para (i) afastar a necessidade de devolução de valores recebidos a título de remuneração por integrantes da Procuradoria-Geral do Estado e da Procuradoria-Geral da Assembleia Legislativa com base no art. 122, §4º, da Constituição do Estado do Espírito Santo, declarado inconstitucional; (ii) consignar que a remuneração dos procuradores estaduais e dos procuradores legislativos é aquela fixada em lei no mesmo patamar; ou, se a lei fixar a remuneração para apenas uma das carreiras, que a remuneração da outra é igual até lei posterior regular o quadro de modo diverso, vedado qualquer tipo de reajuste automático da remuneração de uma delas quando for alterada a remuneração da outra; e (iii) conferir eficácia ex nunc à declaração de inconstitucionalidade do §7º do art. 122 da Constituição do Estado do Espírito Santo, de modo a preservar a validade de processos judiciais, bem como das decisões neles lançadas, que tenham tramitado à luz do foro privilegiado previsto no §7º do art. 122, ora declarado inconstitucional" (BRASIL. Supremo Tribunal Federal (Tribunal Pleno). Ação Direta de Inconstitucionalidade 2820. Rel. Nunes Marques, j. 05.06.2023. Processo eletrônico. *DJe*, s/n, divulg. 12.07.2023, public. 13.07.2023. Disponível em: https://portal.stf.jus.br/processos/detalhe.asp?incidente=2083816. Acesso em: 20 set. 2023).

não se aplicando, portanto, por simetria, os critérios para a definição do cargo de advogado-geral da União.

Na referida ADI nº 2.820, destaque-se que o Relator Min. Nunes Marques foi vencido no entendimento de que seria inconstitucional norma local que previsse que o Poder Executivo deveria escolher o procurador-geral entre os integrantes da carreira.

Ainda quanto ao cargo de procurador-geral do estado, a Suprema Corte entende que se trata de cargo de livre nomeação e exoneração pelo governador do estado, ou seja, demissível *ad nutum*, podendo ser escolhido entre membros da carreira ou não.

Em outras palavras, o Supremo Tribunal entende pela constitucionalidade da escolha de procuradores-gerais entre os membros integrantes da carreira naqueles estados em que existem normas nesse sentido.

Não existe a obrigatoriedade constitucional de que a chefia da instituição seja escolhida entre os procuradores de carreira, mas existindo norma local nesse sentido, essa norma é constitucional e deve ser observada.

É o entendimento verificado pelo STF no julgamento da ADI nº 291,[120] de relatoria do Min. Joaquim Barbosa, e da ADI nº 2.682,[121] de relatoria do Min. Gilmar Mendes.

---

[120] "EMENTA: AÇÃO DIRETA DE INCONSTITUCIONALIDADE. NORMAS DA CONSTITUIÇÃO DO ESTADO DO MATO GROSSO. *RESTRIÇÃO DO PODER DO CHEFE DO EXECUTIVO. PRERROGATIVAS AOS PROCURADORES DO ESTADO. CONSTITUIÇÃO FEDERAL. NORMAS DE REPRODUÇÃO OBRIGATÓRIA.* AÇÃO DIRETA JULGADA PARCIALMENTE PROCEDENTE. A Constituição do Estado do Mato Grosso, ao condicionar a destituição do Procurador-Geral do Estado à autorização da Assembléia Legislativa, ofende o disposto no art. 84, XXV e art. 131, §1º da CF/88. *Compete ao Chefe do Executivo dispor sobre as matérias exclusivas de sua iniciativa, não podendo tal prerrogativa ser estendida ao Procurador-Geral do Estado. A Constituição Estadual não pode impedir que o Chefe do Poder Executivo interfira na atuação dos Procurados do Estado, seus subordinados hierárquicos.* É inconstitucional norma que atribui à Procuradoria-Geral do Estado autonomia funcional e administrativa, dado o princípio da hierarquia que informa a atuação dos servidores da Administração Pública. *O cargo de Procurador Geral do Estado é de livre nomeação e exoneração pelo Governador do Estado, que pode escolher o Procurador Geral entre membros da carreira ou não.* Precedentes. A garantia da inamovibilidade é conferida pela Constituição Federal apenas aos Magistrados, aos membros do Ministério Público e aos membros da Defensoria Pública, não podendo ser estendida aos Procuradores do Estado. Em síntese, a autonomia conferida aos Estados pelo art. 25, caput da Constituição Federal não tem o condão de afastar as normas constitucionais de observância obrigatória. Precedentes. Ação direta julgada parcialmente procedente" (BRASIL. Supremo Tribunal Federal (Tribunal Pleno). Ação Direta de Inconstitucionalidade 291. Rel. Joaquim Barbosa, Tribunal Pleno, j. 07.04.2010, *DJe*, 168, divulg. 09.09.2010, public. 10.09.2010, ement vol. 02414-01 PP-00001. Disponível em: https://portal.stf.jus.br/processos/detalhe.asp?incidente=1500278. Acesso em: 10 set. 2023).

[121] "EMENTA: Ação Direta de Inconstitucionalidade. 2. Expressão 'preferencialmente' contida no art. 153, §1º, da Constituição do Estado do Amapá; art. 6º da Lei Complementar 11/1996,

Em outro caso, no julgamento da ADI nº 2.581,[122] cujo redator do acórdão foi o Min. Marco Aurélio, o Plenário da Suprema Corte entendeu que o preceito da Carta estadual prevendo a escolha do procurador-geral do Estado entre os integrantes da carreira está alinhado com os ditames da Constituição Federal.

Observa-se que o STF tem entendimento pacífico quanto ao fato de que o cargo de procurador-geral é demissível *ad nutum*, sendo sereno também o entendimento quanto à possibilidade de o ocupante ter sido escolhido, ou não, entre os membros da própria carreira de procurador do estado.

Ocorre, porém, que, no julgamento da ADI nº 291, a Suprema Corte entendeu como inconstitucional a norma que atribui à procuradoria-geral do estado autonomia funcional e administrativa, dado

---

do Estado do Amapá, na parte em que conferiu nova redação ao art. 33 da Lei Complementar 6/1994 do mesmo Estado; e redação originária do art. 33, §1º, da Lei Complementar 6/1994, do Estado do Amapá. 3. Rejeitada a preliminar de inépcia da petição inicial. A mera indicação de forma errônea de um dos artigos impugnados não obsta o prosseguimento da ação, se o requerente tecer coerentemente sua fundamentação e transcrever o dispositivo constitucional impugnado. 4. *Provimento em comissão, de livre nomeação e exoneração pelo Governador, dentre advogados, dos cargos de Procurador-Geral do Estado, Procurador de Estado Corregedor, Subprocurador-Geral do Estado e Procurador de Estado Chefe. Alegada violação ao art. 132 da Constituição Federal. A forma de provimento do cargo de Procurador-Geral do Estado, não prevista pela Constituição Federal (art. 132), pode ser definida pela Constituição Estadual, competência esta que se insere no âmbito de autonomia de cada Estado-membro. Precedentes: ADI 2.581 e ADI 217.* Constitucionalidade dos dispositivos impugnados em relação aos cargos de Procurador-Geral do Estado e de seu substituto, Procurador de Estado Corregedor. *Vencida a tese de que o Procurador-Geral do Estado, e seu substituto, devem, necessariamente, ser escolhidos dentre membros da carreira.* 5. Viola o art. 37, incisos II e V, norma que cria cargo em comissão, de livre nomeação e exoneração, o qual não possua o caráter de assessoramento, chefia ou direção. Precedentes. Inconstitucionalidade dos dispositivos impugnados em relação aos cargos de Subprocurador-Geral do Estado e de Procurador de Estado Chefe. 6. Ação julgada parcialmente procedente" (BRASIL. Supremo Tribunal Federal (Tribunal Pleno). Ação Direta de Inconstitucionalidade 2682. Rel. Gilmar Mendes, j. 12.02.2009. *DJe*, 113, divulg. 18.06.2009, public. 19.06.2009, ement vol. 02365-01 PP-00024. *RTJ*, v. 00210-02 PP-00573. *LEXSTF*, v. 31, n. 367, 2009, p. 63-85. Disponível em: https://portal.stf.jus.br/processos/detalhe.asp?incidente=2028051. Acesso em: 10 set. 2023).

[122] "ATO NORMATIVO - INCONSTITUCIONALIDADE. A declaração de inconstitucionalidade de ato normativo pressupõe conflito evidente com dispositivo constitucional. PROJETO DE LEI - INICIATIVA - CONSTITUIÇÃO DO ESTADO - INSUBSISTÊNCIA. A regra do Diploma Maior quanto à iniciativa do chefe do Poder Executivo para projeto a respeito de certas matérias não suplanta o tratamento destas últimas pela vez primeira na Carta do próprio Estado. *PROCURADOR-GERAL DO ESTADO - ESCOLHA ENTRE OS INTEGRANTES DA CARREIRA. Mostra-se harmônico com a Constituição Federal preceito da Carta estadual prevendo a escolha do Procurador-Geral do Estado entre os integrantes da carreira*" (BRASIL. Supremo Tribunal Federal (Tribunal Pleno). Ação Direta de Inconstitucionalidade 2581. Rel. Maurício Corrêa. Rel. p/ acórdão Marco Aurélio, j. 16.08.2007. *DJe*, 152, divulg. 14.08.2008, public. 15.08.2008, ement vol. 02328-01 PP-00035. Disponível em: https://portal.stf.jus.br/processos/detalhe.asp?incidente=1986891. Acesso em: 10 set. 2023).

o princípio da hierarquia que informa a atuação dos servidores da Administração Pública.

Esse entendimento também aparece no julgamento da ADI nº 217,[123] de relatoria do Min. Ilmar Galvão, em que se entendeu que a atribuição de autonomia funcional, administrativa e financeira à procuradoria do estado desvirtuaria a configuração jurídica fixada pelo texto constitucional federal para as procuradorias estaduais, desrespeitando o art. 132 da Carta da República.

Adentrando na análise das mencionadas ADI nº 217 e ADI nº 291, por serem muito importantes para a temática ora trabalhada, tem-se que, no julgamento da medida cautelar no bojo da ADI nº 217,[124] em março de 1990, sob a relatoria do Min. Sydney Sanches, o Plenário entendeu pela concessão da liminar para suspender a vigência das normas estaduais impugnadas até o julgamento final da ação.

Essa decisão cautelar não foi, porém, unânime, divergindo o Min. Sepúlveda Pertence e o Min. Célio Borja,[125] em que aquele ministro

---

[123] "EMENTA: AÇÃO DIRETA DE INCONSTITUCIONALIDADE. ARTS. 135, I; E 138, CAPUT E §3.º, DA CONSTITUIÇÃO DO ESTADO DA PARAÍBA. AUTONOMIA INSTITUCIONAL DA PROCURADORIA-GERAL DO ESTADO. REQUISITOS PARA A NOMEAÇÃO DO PROCURADOR-GERAL, DO PROCURADOR-GERAL ADJUNTO E DO PROCURADOR-CORREGEDOR. *O inciso I do mencionado art. 135, ao atribuir autonomia funcional, administrativa e financeira à Procuradoria paraibana, desvirtua a configuração jurídica fixada pelo texto constitucional federal para as Procuradorias estaduais, desrespeitando o art. 132 da Carta da República.* Os demais dispositivos, ao estabelecerem requisitos para a nomeação dos cargos de chefia da Procuradoria-Geral do Estado, limitam as prerrogativas do Chefe do Executivo estadual na escolha de seus auxiliares, além de disciplinarem matéria de sua iniciativa legislativa, na forma da letra c do inciso II do §1º do art. 61 da Constituição Federal. Ação julgada procedente" (BRASIL. Supremo Tribunal Federal (Tribunal Pleno). Ação Direta de Inconstitucionalidade 217. Rel. Ilmar Galvão, j. 28.08.2002. *DJ*, 13.09.2002 PP-00062, ement vol. 02082-01 PP-00001. Disponível em: https://portal.stf.jus.br/processos/detalhe.asp?incidente=1495886. Acesso em: 11 set. 2023).

[124] "EMENTA: - Ação direta de inconstitucionalidade. *Advocacia geral do Estado: autonomia funcional, administrativa e financeira.* Nomeação do Procurador-Geral, do Procurador-Adjunto e do Corregedor. Artigos 131, §1º, da C.F. de 1988, e art. 11 do A.D.C.T. Arts. 135, I, 138 e §3º da Constituição da Paraíba. *Estando presentes os requisitos do 'fumus boni iuris' (plausibilidade jurídica) e do 'periculum in mora', é de se deferir medida cautelar de suspensão da eficácia de norma da Constituição da Paraíba*, que outorgou autonomia funcional, administrativa e financeira à Advocacia Geral do Estado e de outras que limitaram o poder do Governador de nomear o Procurador-Geral do Estado, o Procurador-Geral Adjunto e o Corregedor. Medida cautelar deferida" (BRASIL. Supremo Tribunal Federal (Tribunal Pleno). Ação Direta de Inconstitucionalidade 217 Medida Cautelar. Rel. Sydney Sanches, j. 23.03.1990. *DJ*, 19.12.2001 PP-00003, ement vol. 02054-01 PP-00054. Disponível em: https://portal.stf.jus.br/processos/detalhe.asp?incidente=1495886. Acesso em: 11 set. 2023).

[125] BRASIL. Supremo Tribunal Federal (Tribunal Pleno). Ação Direta de Inconstitucionalidade 217. Rel. Ilmar Galvão, j. 28.08.2002. p. 10. Disponível em: https://redir.stf.jus.br/paginadorpub/paginador.jsp?docTP=AC&docID=346258. Acesso em: 10 set. 2023.

entendeu que não haveria conveniência, nem urgência na suspensão requerida, uma vez que a organização da procuradoria estadual era uma opção administrativa implementada na própria Constituição do ente federado.

No caso, o Min. Sepúlveda Pertence também entendeu que, quanto às exigências para a escolha do procurador-geral, não haveria comprometimento da Administração Pública estadual ao ponto de ser necessária a suspensão pleiteada.

Esse entendimento do ministro, porém, foi, como indicado, vencido.

No julgamento da cautelar na ADI nº 291,[126] em junho de 1990, de relatoria do Min. Moreira Alves, com unanimidade, o Plenário entendeu por suspender os efeitos da norma estadual impugnada até o julgamento definitivo da ação.

Antes de passar ao julgamento de mérito das ações ora analisadas, interessante observar que a ADI nº 217 fora proposta pelo Governo do Estado da Paraíba em peça subscrita pelo governador e pelo procurador-geral do estado à época contra normas estaduais relativas à organização da própria procuradoria. Apesar de estranho, esse procedimento não causaria problemas considerando entendimento adiante exposto segundo o qual a autonomia buscada abrange o cargo de procurador de estado.

Por outro lado, a ADI nº 291 fora proposta pelo procurador-geral da República com base em solicitação administrativa apresentada pelo governador do Estado do Mato Grosso, a fim de se obter a declaração de inconstitucionalidade das normas estaduais relativas à procuradoria do estado.

Seguindo ao julgamento de mérito das referidas ações de controle concentrado, a ADI nº 217 foi julgada definitivamente em agosto de 2002, sendo unânime o julgamento por parte do Plenário da Suprema Corte.

---

[126] "AÇÃO DIRETA DE INCONSTITUCIONALIDADE. ADVOCACIA DO ESTADO DE MATO GROSSO. PEDIDO DE LIMINAR. - *A RELEVÂNCIA JURÍDICA DA ARGÜIÇÃO E OS EMPECILHOS QUE PODEM SURGIR PARA A BOA MARCHA DA ADMINISTRAÇÃO, COM O DESVINCULAMENTO DOS ÓRGÃOS DE DEFESA DO ESTADO COM RELAÇÃO AO CHEFE DO PODER EXECUTIVO, INDICAM A CONVENIÊNCIA DE QUE SE SUSPENDA, EX NUNC, A EFICÁCIA DAS DISPOSIÇÕES DA CONSTITUIÇÃO ESTADUAL IMPUGNADAS, ATÉ O JULGAMENTO FINAL DA AÇÃO. - DEFERIMENTO DA MEDIDA LIMINAR*" (BRASIL. Supremo Tribunal Federal (Tribunal Pleno). Ação Direta de Inconstitucionalidade 291 Medida Cautelar. Rel. Moreira Alves, j. 06.06.1990. *DJ*, 14.09.1990 PP-09422, ement vol. 01594-01 PP-00015. Disponível em: https://portal.stf.jus.br/processos/detalhe.asp?incidente=1500278. Acesso em: 10 set. 2023).

Desse julgamento, destaca-se que o Min. Relator Ilmar Galvão[127] informou que, em caso análogo presente na Constituição do Amazonas, ADI nº 470,[128] da qual ele também foi o relator, entendeu-se igualmente que a procuradoria do estado seria um órgão hierarquicamente subordinado ao governador do estado, sendo, portanto, necessária sua parcialidade e perfeita sintonia com as determinações da chefia da Administração Pública estadual.

Entretanto, em abril de 2010, no julgamento de mérito da ADI nº 291, o Plenário do STF julgou procedente a ação direta, mas de forma não unânime, sendo vencidos o Min. Dias Toffoli e a Min. Cármen Lúcia.

Esses votos vencidos merecem destaque por sua fundamentalidade na defesa da necessária autonomia para as procuradorias-gerais dos estados.

Em seu voto,[129] o Min. Dias Toffoli entendeu pela constitucionalidade da norma estadual que considerava princípios institucionais da procuradoria-geral do estado a unidade, a indivisibilidade, a autonomia funcional e administrativa.

Para o Min. Toffoli, utilizando-se claramente de argumentos topográficos, ou seja, considerando o local em que está inserta a norma constitucional relativa à Advocacia Pública, verifica-se que a Advocacia de Estado é uma função essencial à Justiça, da mesma forma como o Ministério Público, não estando inserido em nenhum poder do Estado.

Por consectário lógico, não estando a Advocacia Pública dentro da estrutura de nenhum dos poderes públicos, nem mesmo dentro do

---

[127] BRASIL. Supremo Tribunal Federal (Tribunal Pleno). Ação Direta de Inconstitucionalidade 217. Rel. Ilmar Galvão, j. 28.08.2002. p. 4 e ss. Disponível em: https://redir.stf.jus.br/paginadorpub/paginador.jsp?docTP=AC&docID=346258. Acesso em: 10 set. 2023.

[128] "EMENTA: AÇÃO DIRETA DE INCONSTITUCIONALIDADE. ARTS. 96 E 100, I E III, DA CONSTITUIÇÃO DO ESTADO DO AMAZONAS. INDEPENDÊNCIA FUNCIONAL DOS PROCURADORES ESTADUAIS. Perda do objeto do feito em relação ao art. 96 e ao inciso III do art. 100 da Carta amazonense, tendo em vista posteriores modificações nos textos normativos impugnados. *O inciso I do mencionado art. 100, por sua vez, ao atribuir independência funcional aos Procuradores do Estado do Amazonas, desvirtua a configuração jurídica fixada pelo texto constitucional federal para as Procuradorias estaduais, desrespeitando o art. 132 da Carta da República. Ação julgada procedente, tão-somente, para declarar a inconstitucionalidade do inciso I do art. 100 da Constituição do Amazonas*" (BRASIL. Supremo Tribunal Federal (Tribunal Pleno). Ação Direta de Inconstitucionalidade 470. Rel. Ilmar Galvão, Tribunal Pleno, j. 01.07.2002. *DJ*, 11.10.2002 PP-00021, ement vol. 02086-01 PP-00001. Disponível em: https://portal.stf.jus.br/processos/detalhe.asp?incidente=1516517. Acesso em: 13 set. 2023).

[129] BRASIL. Supremo Tribunal Federal (Tribunal Pleno). Ação Direta de Inconstitucionalidade 291. p. 21 e ss. Disponível em: https://redir.stf.jus.br/paginadorpub/paginador.jsp?docTP=AC&docID=614078. Acesso em: 10 set. 2023.

organograma do Poder Executivo, ela não pode sofrer a interferência de nenhum dos mesmos poderes.

Como se defende no presente trabalho, a Advocacia Pública, como função essencial à Justiça, não foi criada para ser um agente público de defesa dos interesses dos governantes, mas de defesa dos interesses do Estado federado a que pertence, buscando o bem comum de toda a sociedade.

É importante pontuar que, conforme a redação constitucional, é função essencial à Justiça o cargo de procuradores dos estados e do Distrito Federal, organizados em carreira, não se falando da procuradoria-geral, mas de seus integrantes.

Passou-se, portanto, historicamente, da época em que o Estado se confundia com o próprio governante, o período do "O Estado sou eu",[130] devendo o advogado público cuidar dos interesses do ente político, ainda que, em alguns casos, seja contra os interesses do governante.

É necessária essa autonomia até para permitir uma atuação em prol da sociedade, buscando a defesa dos interesses de todos os cidadãos do Estado representado, e não atuando como um advogado dos interesses particulares do próprio governante.

Continuando, ainda no voto do Min. Dias Toffoli,[131] ele deixa claro que a autonomia buscada para a Advocacia de Estado é aquela relativa à nomeação de integrantes, à organização interna, ou seja, trata-se de característica que permite que a própria procuradoria realize sua gestão interna.

Em complemento, o Min. Toffoli explica que, conforme a realidade encontrada no âmbito da Advocacia-Geral da União, na organização da Presidência da República e dos ministérios governamentais, Lei Federal nº 10.683,[132] de maio de 2003, não se encontra a própria Advocacia-Geral, mas unicamente o advogado-geral da União.

Em 2023, sublinhe-se que a organização da Presidência da República foi alterada por meio da Lei Federal nº 14.600, de 19.6.2023,[133]

---

[130] "L'État c'est moi", frase atribuída ao Rei francês Luís XIV, conhecido como o "Rei Sol".

[131] BRASIL. Supremo Tribunal Federal (Tribunal Pleno). Ação Direta de Inconstitucionalidade 291. p. 21 e ss. Disponível em: https://redir.stf.jus.br/paginadorpub/paginador.jsp?docTP=AC&docID=614078. Acesso em: 10 set. 2023.

[132] Lei que dispunha sobre a organização da Presidência da República e dos Ministérios (BRASIL. *Lei Federal nº 10.683, de 28 maio de 2003*. Disponível em: https://www.planalto.gov.br/ccivil_03/leis/2003/l10.683.htm. Acesso em: 9 set. 2023).

[133] Estabelece a organização básica dos órgãos da Presidência da República e dos Ministérios (BRASIL. *Lei Federal nº 14.600, de 19 de junho de 2023*. Disponível em: https://www.planalto.gov.br/ccivil_03/_Ato2023-2026/2023/Lei/L14600.htm#art78. Acesso em: 9 set. 2023).

em que se verifica essa estruturação segundo a qual o advogado-geral da União faz parte da Presidência como um órgão de assessoramento,[134] sendo, inclusive, considerado um ministro de estado.[135]

Em outras palavras, a instituição Advocacia-Geral da União não está inserida no Poder Executivo, mas trata-se de uma função essencial à Justiça. Por outro lado, o advogado-geral da União encontra-se subordinado hierarquicamente ao chefe do Poder Executivo, sendo um órgão de assessoramento da própria Presidência.

Com isso, verifica-se que a Advocacia-Geral da União está disciplinada fora do Poder Executivo, possuindo certo vínculo com o presidente da República na medida em que ele é quem nomeia o advogado-geral da União, mas da mesma forma como acontece com o procurador-geral da República e com os membros do Tribunal de Contas da União, conforme assinalado pelo Min. Toffoli em seu voto.[136]

Sublinhe-se que o texto constitucional, ao disciplinar as funções essenciais à Justiça, no que tange à Advocacia Pública, trata, em nível federal, da Advocacia-Geral da União como função essencial, mas, no âmbito estadual, refere-se aos procuradores dos estados e do Distrito Federal.

Os procuradores dos estados são essenciais à Justiça, devendo sê-lhes garantida a autonomia necessária ao exercício de sua função pública.

---

[134] Lei nº 14.600, de 19.6.2023: "Art. 2º *Integram a Presidência da República*: [...] §1º Integram a Presidência da República, como órgãos de assessoramento ao Presidente da República: I - o Conselho de Governo; II - o Conselho de Desenvolvimento Econômico Social Sustentável; III - o Conselho Nacional de Política Energética; IV - o Conselho do Programa de Parcerias de Investimentos; V - o Conselho Nacional de Segurança Alimentar e Nutricional; VI - *o Advogado-Geral da União*; e VII - a Assessoria Especial do Presidente da República" (BRASIL. *Lei Federal nº 14.600, de 19 de junho de 2023*. Disponível em: https://www.planalto.gov.br/ccivil_03/_Ato2023-2026/2023/Lei/L14600.htm#art78. Acesso em: 9 set. 2023).

[135] Lei nº 14.600, de 19.6.2023: "Art. 18. São *Ministros de Estado*: I - os titulares dos Ministérios; II - o titular da Casa Civil da Presidência da República; III - o titular da Secretaria-Geral da Presidência da República; IV - o titular da Secretaria de Relações Institucionais da Presidência da República; V - o titular da Secretaria de Comunicação Social da Presidência da República; VI - o Chefe do Gabinete de Segurança Institucional da Presidência da República; e *VII - o Advogado-Geral da União*" (BRASIL. *Lei Federal nº 14.600, de 19 de junho de 2023*. Disponível em: https://www.planalto.gov.br/ccivil_03/_Ato2023-2026/2023/Lei/L14600.htm#art78. Acesso em: 9 set. 2023).

[136] BRASIL. Supremo Tribunal Federal (Tribunal Pleno). Ação Direta de Inconstitucionalidade 291. p. 28 e ss. Disponível em: https://redir.stf.jus.br/paginadorpub/paginador.jsp?docTP=AC&docID=614078. Acesso em: 10 set. 2023.

No julgamento da mesma ação, a Min. Cármen Lúcia[137] também entendeu pela constitucionalidade dos princípios institucionais da Procuradoria-Geral, da forma como entendeu o Min. Dias Toffoli, mas sob outro fundamento.

Para ela, esses princípios são constitucionais não pelo argumento de que a Procuradoria-Geral estaria fora da estrutura do Poder Executivo, mas pelo fato de que inclusive órgãos dentro desse poder de Estado podem ter a característica da autonomia.

Contra esse argumento, o Min. Joaquim Barbosa indicou que a autonomia funcional seria incompatível com a subordinação, ao que a Min. Cármen Lúcia explicou que é a *vinculação*, e não a autonomia, que faz com que haja determinado órgão dentro de uma estrutura administrativa.

A necessária concessão de autonomia aos advogados de estado não viola a hierarquia dentro da estrutura de um poder de Estado, pois, na linha do entendimento da Min. Cármen Lúcia, é a vinculação que garante a estrutura administrativa do referido poder.

Conforme a percepção da Min. Cármen Lúcia,[138] deve-se entender que autonomia não decorre de hierarquia e que, sim, a subordinação decorre de hierarquia. Logo, há hierarquia em se submeter a Advocacia Pública ao Poder Executivo. A autonomia não está dissociada disso, ou seja, pode-se ter autonomia mesmo tendo uma vinculação hierárquica. Dessa forma, é possível haver um órgão autônomo, mas hierarquicamente subordinado a um poder, no caso, o Executivo.

Logo, os procuradores dos estados e do Distrito Federal são vinculados ao Poder Executivo, garantindo-se a subordinação de seus integrantes, mas isso não impede que os referidos advogados de estado tenham garantida a sua autonomia, o que lhes permite que, por exemplo, diante de algum ato administrativo ilegal do Executivo, o procurador

---

[137] BRASIL. Supremo Tribunal Federal (Tribunal Pleno). Ação Direta de Inconstitucionalidade 291. p. 23 e ss. Disponível em: https://redir.stf.jus.br/paginadorpub/paginador.jsp?docTP=AC&docID=614078. Acesso em: 10 set. 2023.

[138] "O SENHOR MINISTRO JOAQUIM BARBOSA (RELATOR) – Vossa Excelência me permite? A autonomia funcional é incompatível com a subordinação. A SENHORA MINISTRA CÁRMEN LÚCIA - Não, aqui, nós teremos, de todo jeito, a vinculação. E a vinculação é que faz com que, dentro de uma estrutura administrativa, se tenha um determinado órgão. A subordinação só para efeitos dos assuntos internos, não vejo qualquer incompatibilidade" (BRASIL. Supremo Tribunal Federal (Tribunal Pleno). Ação Direta de Inconstitucionalidade 291. p. 21. Disponível em: https://redir.stf.jus.br/paginadorpub/paginador.jsp?docTP=AC&docID=614078. Acesso em: 10 set. 2023).

possa, autonomamente, não defender esse ato em favor dos legítimos interesses republicanos.

Nesse caso, trata-se de autonomia técnica, a qual já é conferida aos procuradores, podendo discordar, com embasamento jurídico, de determinada política pública.

O problema é que, a título exemplificativo, não tendo autonomia administrativa, funcional e orçamentária, os procuradores dos estados podem sofrer retaliação política caso não defendam determinada medida do Executivo.

Com isso, a atuação dos procuradores, por vezes, fica restrita em razão dessa ausência de autonomia, dificultando, por exemplo, a realização de melhorias institucionais como concursos para o preenchimento de cargos vagos, dependendo sempre do aval do próprio Poder Executivo.

Verifica-se que são fortes os argumentos que favorecem que seja conferida a necessária autonomia, seja ela funcional, administrativa e orçamentária, aos procuradores dos estados e do Distrito Federal, sendo a única das funções essenciais à Justiça aqui abordadas, conforme a Constituição Federal, que ainda não as detêm.

A doutrina e a jurisprudência brasileiras, com base nos ditames constitucionais, debruçam-se sobre a temática dos limites da atuação das funções essenciais à Justiça, encontrando-se diversas facetas sobre o assunto, as quais vêm sendo delineadas no decorrer do tempo a partir do amadurecimento do entendimento sobre as instituições brasileiras.

Com isso, encontram-se diversos temas afetos a essa realidade para além dos aqui apresentados, como, em setembro de 2023, quando a Suprema Corte, no julgamento da ADI nº 7.271,[139] nos termos do voto do Ministro Roberto Barroso, redator para o acórdão, vencidos os ministros Edson Fachin (relator), Cristiano Zanin, Alexandre de Moraes, Rosa Weber (presidente) e Cármen Lúcia, fixou a tese de que o auxílio para

---

[139] "Decisão: O Tribunal, por maioria, julgou improcedente o pedido de declaração de inconstitucionalidade e fixou a seguinte tese de julgamento: 'O *auxílio-aperfeiçoamento* previsto na Lei Complementar nº 89/2015, do Estado do Amapá, tem *caráter excepcional e não viola a regra remuneratória do subsídio em parcela única*'. Tudo nos termos do voto do Ministro Roberto Barroso, Redator para o acórdão, vencidos os Ministros Edson Fachin (Relator), Cristiano Zanin, Alexandre de Moraes, Rosa Weber (Presidente) e Cármen Lúcia. Nesta assentada, o Ministro Luiz Fux reajustou seu voto para acompanhar, no mérito, o Ministro Roberto Barroso. Plenário, Sessão Virtual de 25.8.2023 a 1.9.2023" (BRASIL. Supremo Tribunal Federal (Tribunal Pleno). Ação Direta de Inconstitucionalidade 7271. Rel. Min. Edson Fachin. Red. do acórdão Min. Luís Roberto Barroso, j. 04.09.2023. Disponível em: https://portal.stf.jus.br/processos/detalhe.asp?incidente=6520484. Acesso em: 29 set. 2023).

aperfeiçoamento profissional previsto para procuradores do Estado do Amapá tem caráter excepcional, não violando a regra remuneratória do subsídio em parcela única.

O presente tópico foi apresentado com o objetivo de indicar a forma como se entende a conceituação sobre autonomia, com ênfase nos entendimentos jurisprudenciais quanto ao tema especificamente na realidade do Ministério Público, da Defensoria Pública e da Advocacia de Estado, observando-se que existe ainda muito para avançar na autonomia necessária para os procuradores dos estados e do Distrito Federal, o que enfrenta vozes contrárias, mas se mostra importante para que essa função essencial à Justiça possa exercer seu mister em prol do estado representado.

Em seguida, para a melhor compreensão do tema, na defesa da autonomia, passa-se a abordar a teoria dos poderes implícitos e sua relação com as procuradorias-gerais dos estados e do Distrito Federal.

CAPÍTULO 4

DA TEORIA DOS PODERES IMPLÍCITOS

A teoria dos poderes implícitos, também chamada de *inherent powers*, refere-se a uma técnica de interpretação da Constituição com origem no sistema jurídico norte-americano.

Como sinalizou Paulo Bonavides,[140] trata-se de uma teoria de hermenêutica constitucional oriunda dos Estados liberais, sendo um eminente produto da razão que o liberalismo introduziu no direito.

Sua aplicação histórica remonta ao julgamento do caso McCulloch *versus* Maryland, em que se discutia o poder da União ao criar uma instituição bancária e o poder dos Estados federados em tributar a atuação do referido banco.

No caso, o Congresso norte-americano criara, em 1816, o Segundo Banco dos Estados Unidos, tendo aberto, no ano seguinte, uma agência no Estado de Maryland. Ocorreu que, em 1818, foi criado um tributo estadual sobre determinados bancos, o que atingiu o referido Segundo Banco, ao passo que o responsável pela agência, o Sr. James William McCulloch, recusou-se a cumprir a nova legislação de Maryland.[141]

---

[140] BONAVIDES, Paulo *et al*. *Curso de direito constitucional*. 26. ed. atual. São Paulo: Malheiros, 2011. p. 475.

[141] Tradução própria de: "Facts: The U.S. Congress created the Second Bank of the United States in 1816. A year later, the Bank opened a banch in Baltimore, Maryland, where it carried out all the normal operations of a bank. Its legitimacy was based solely on the applicability of the U.S. Constitution to Maryland. In 1818, however, the Maryland legislature voted to impose a tax on all banks within the state that were not chartered by the legislature. The Second Bank of the United States refused to comply with the law, resulting in a lawsuit against its head, James William McCulloch. The state successfully argued on appeal to the state appellate court that the Second Bank was unconstitutional because the Consitution did not provide a textual commitment for the federal government to charter a bank" (US SUPREME COURT. *McCulloch v. Maryland, 17 U.S. 316 (1819)*. Disponível em: https://supreme.justia.com/cases/federal/us/17/316/. Acesso em: 13 set. 2023).

O caso foi decidido por unanimidade,[142] entendendo-se, em primeiro lugar, que o Segundo Banco dos Estados Unidos, não sendo diferente do Primeiro Banco, seria igualmente constitucional.

Ademais, decidiu-se pela rejeição do argumento do Estado de Maryland segundo o qual a Cláusula Necessária e Apropriada, "the Necessary and Proper Clause", autorizaria apenas a criação de leis que fossem estritamente necessárias para o exercício dos poderes expressos na Constituição, ou seja a visão defendida pelo Estado era mais restritiva ao permitir que somente o que fosse essencial ao exercício do poder garantiria a constitucionalidade das leis criadas.

Entendeu-se que seria justificada uma interpretação mais ampla da "Necessary and Proper Clause", uma vez que a referida cláusula deveria ser compreendida como uma expansão da autoridade do Congresso e não como uma limitação da mesma autoridade.

A compreensão do termo "necessário" seria algo como "apropriado e legítimo", o que englobaria todos os meios necessários para atingir os objetivos indicados nos poderes explícitos.

No referido caso, ao contrário das decisões nas instâncias estaduais, as quais decidiram a favor do Estado e da tributação criada, na instância da Suprema Corte, decidiu-se, com base na teoria dos poderes implícitos, a favor da União pela constitucionalidade do novo banco federal e contrário aos tributos locais.

Como conclui Casagrande e Barreira,[143] verifica-se que o caso McCulloch *versus* Maryland foi importante na consolidação do governo federal dos Estados Unidos da América, sendo essencial na formação

---

[142] Tradução própria de: "In this unanimous decision, Marshall observed that the Second Bank was no different from the First Bank of the United States, of which the constitutionality had not been challenged. Echoing the decision in Martin v. Hunter's Lessee, he also noted that the people rather than the states were responsible for ratifying the U.S. Constitution and thus taking away a measure of sovereignty from the states. He did not find it necessary to establish a textual basis in the Constitution that specifically addressed banks. The most notable section of Marshall's opinion concerned the Necessary and Proper Clause. He rejected the state's argument that this clause was confined to authorizing only laws that were absolutely essential to carrying out its enumerated powers. Marshall felt that a broader interpretation was warranted, since the clause was not placed among the limitations on Congressional authority and thus should be viewed as an expansion on its authority. As a result, he redefined the meaning of 'necessary' as something closer to 'appropriate and legitimate,' covering all methods for furthering the objectives covered by the enumerated powers. Moreover, Marshall struck down the tax as applied to the Second Bank as unconstitutional" (US SUPREME COURT. *McCulloch v. Maryland, 17 U.S. 316 (1819)*. Disponível em: https://supreme.justia.com/cases/federal/us/17/316/. Acesso em: 13 set. 2023).

[143] CASAGRANDE, Cássio Luís; BARREIRA, Jônatas Henriques. O caso McCulloch v. Maryland e sua utilização na jurisprudência do STF. *Revista de Informação Legislativa: RIL*, Brasília,

da identidade daquele país e influenciando a tradição jurídica de outros países, como o Brasil.

Partindo desse caso nos Estados Unidos, na jurisprudência da Suprema Corte brasileira, o caso mais antigo que traz o tema da teoria dos poderes implícitos é o julgamento pelo Plenário do STF, em 20.1.1950, da Intervenção Federal nº 14, de relatoria do Min. Luiz Gallotti.[144]

Do voto do relator,[145] retira-se que, conforme a doutrina norte-americana dos poderes implícitos, se a uma autoridade é conferida uma função, conferem-se também implicitamente os meios eficazes para seu exercício.

Saltando mais de setenta anos na jurisprudência do STF, em que se encontram mais de 90 acórdãos e mais de 600 decisões monocráticas que tratam da doutrina dos poderes implícitos,[146] tem-se o julgamento da ADI nº 6.875,[147] de relatoria do Min. Alexandre de Moraes, que,

---

v. 56, n. 221, p. 247-270, jan./mar. 2019. Disponível em: http://www12.senado.leg.br/ril/edicoes/56/221/ril_v56_n221_p247. Acesso em: 13 set. 2023.

[144] "Intervenção federal e seus vários graús. A interferência do Supremo Tribunal na ação do Judiciário Estadual não constitui a intervenção, de que trata o art. 7º da Lei Magna, mas outra, que é normal no sistema de hierarquia e de recursos do Poder Judiciário Brasileiro, que tem como cúpola o Supremo Tribunal. Posição deste em nosso regime. Justiça nacional, seja ela federal ou estadual. - Dualidade de poderes exigindo solução imediata. - *Competência implícita do Supremo Tribunal. Se a este cabe julgar os recursos extraordinários, hão de lhe caber os meios de providenciar para que exista sempre legitimamente investido, um Presidente de Tribunal de Justiça (um e não dois) que possa desempenhar a tarefa, a êle imposta por lei federal, de processar aquêles recursos na sua primeira fase.* - Eleições ilegais de Presidentes de Tribunais locais. - Nulidade. Nova eleição" (BRASIL. Supremo Tribunal Federal (Tribunal Pleno). Intervenção Federal 14. Rel. Luiz Gallotti, j. 20.01.1950. *DJ*, 26.01.1950 PP-00880. Disponível em: https://redir.stf.jus.br/paginadorpub/paginador.jsp?docTP=AC&docID=614766.Acesso em: 13 set. 2023).

[145] BRASIL. Supremo Tribunal Federal (Tribunal Pleno). Intervenção Federal 14. Rel. Luiz Gallotti, j. 20.01.1950. *DJ*, 26.01.1950 PP-00880. Disponível em: https://redir.stf.jus.br/paginadorpub/paginador.jsp?docTP=AC&docID=614766.Acesso em: 13 set. 2023.

[146] Conforme pesquisa realizada na jurisprudência do STF com base na expressão "Teoria dos Poderes Implícitos", no *site* https://portal.stf.jus.br/. Busca em meados de setembro de 2023.

[147] "Ementa: CONSTITUCIONAL E ADMINISTRATIVO. RESPEITO À AUTONOMIA FUNCIONAL DA DEFENSORIA PÚBLICA. *TEORIA DOS PODERES IMPLÍCITOS E ADEQUAÇÃO, RAZOABILIDADE E PROPORCIONALIDADE NA PREVISÃO LEGAL DO PODER DE REQUISIÇÃO PARA O EFETIVO EXERCÍCIO DE SUA MISSÃO INSTITUCIONAL.* CONSTITUCIONALIDADE DOS ARTS. 9º, XIV E XIX, E 36, IX, DA LEI COMPLEMENTAR 251/2003 DO ESTADO DO RIO GRANDE DO NORTE. IMPROCEDÊNCIA DO PEDIDO. 1. A Defensoria Pública foi consagrada na Constituição Federal de 1988 no rol das funções essenciais à Justiça. A EC nº 45/04 fortaleceu as Defensorias Públicas Estaduais, assegurando-lhes autonomia funcional e administrativa. Essas garantias foram estendidas às Defensorias Públicas da União e do Distrito Federal pela EC nº 74, de 6 de agosto de 2013. Posteriormente, a EC nº 80, de 4 de junho de 2014, estabeleceu como princípios institucionais da Defensoria Pública a unidade, a indivisibilidade e a independência funcional. 2. Lei estadual que confere à Defensoria Pública a prerrogativa de requisitar de qualquer autoridade pública

em fevereiro de 2022, utilizando-se da teoria dos poderes implícitos, reconheceu as competências genéricas implícitas à Defensoria Pública que permitam o pleno e efetivo exercício de sua missão constitucional, ressalvados os elementos de informação que dependam de autorização judicial.

No referido julgamento, a Suprema Corte entendeu ser constitucional a previsão da lei estadual do Rio Grande do Norte que confere à Defensoria Pública daquele ente federado a prerrogativa de requisitar de qualquer autoridade pública e de seus agentes: certidões, exames, perícias, vistorias, diligências, processos, documentos, informações, esclarecimentos e demais providências necessárias ao exercício de suas atribuições.

Do voto do relator,[148] destaque-se que o ordenamento jurídico brasileiro incorporou a pacífica doutrina constitucional norte-americana

---

e de seus agentes certidões, exames, perícias, vistorias, diligências, processos, documentos, informações, esclarecimentos e demais providências necessárias ao exercício de suas atribuições. 3. Previsão legal que atende aos parâmetros de adequação, razoabilidade e proporcionalidade, e que tem por finalidade garantir o exercício efetivo das funções constitucionais da instituição. 4. *Aplicação da teoria dos poderes implícitos – inherent powers –, com o reconhecimento de competências genéricas implícitas à Defensoria Pública que permitam o pleno e efetivo exercício de sua missão constitucional, ressalvados os elementos de informação que dependam de autorização judicial.* 5. Ação Direta julgada improcedente" (BRASIL. Supremo Tribunal Federal (Tribunal Pleno). Ação Direta de Inconstitucionalidade 6875. Rel. Alexandre de Moraes, j. 21.02.2022. Processo eletrônico. *DJe*, 051, divulg. 16.03.2022, public. 17.03.2022. Disponível em: https://portal.stf.jus.br/processos/detalhe.asp?incidente=6189117. Acesso em: 13 set. 2023).

[148] Voto do Relator Min. Alexandre de Moraes: "Incorporou-se, em nosso ordenamento jurídico, portanto, também em relação à Defensoria Pública, a pacífica doutrina constitucional norte-americana sobre a teoria dos poderes implícitos – inherent powers –, segundo a qual, no exercício de sua missão constitucional enumerada, o órgão executivo deveria dispor de todas as funções necessárias, ainda que implícitas, desde que não expressamente limitadas (Myers v. Estados Unidos – US 272 – 52, 118), consagrando-se, dessa forma – e entre nós aplicável também à Defensoria Pública, o reconhecimento de competências genéricas implícitas que permitam o exercício de sua missão constitucional, apenas sujeitas às proibições e limites estruturais da Constituição Federal. *Entre essas competências implícitas concebidas para a atuação da Defensoria Pública, o poder de requisição tem por finalidade garantir o exercício efetivo das atribuições constitucionais da Instituição*, permitindo uma maior celeridade na tramitação dos processos, tanto judiciais como extrajudiciais, e assegurando uma resposta estatal tempestiva para coibir ou prevenir lesões aos direitos dos assistidos. *Além disso, trata-se de prerrogativa fundamental que possibilita a potencialização do alcance de sua atuação coletiva,* sendo utilizada em relevantes causas sociais como um importante mecanismo de instrução das demandas em favor de grupos vulneráveis e, ainda, para uma maior proteção dos direitos humanos. *O poder de requisição constitui, assim, um mecanismo fundamental para o desempenho do mister constitucional da Defensoria Pública,* que prestigia o aperfeiçoamento do sistema democrático, a concretização dos direitos fundamentais de amplo acesso à Justiça (CF, art. 5º, XXXV) e de prestação de assistência jurídica integral e gratuita aos hipossuficientes (CF, art. 5º, LXXIV)" (BRASIL. Supremo Tribunal Federal (Tribunal Pleno). Ação Direta

dos poderes implícitos, servindo de base para que, no exercício da missão constitucional enumerada, os órgãos executivos disponham de todas as funções necessárias, mesmo que implícitas, não estando expressamente limitadas pelo texto constitucional.

Conforme essa teoria, deve-se compreender que a Constituição não traz texto em vão, ou seja, tudo o que ela apresenta, por exemplo, de atribuição para uma instituição, deve conferir também as condições para seu exercício.

A teoria dos poderes implícitos deve ser aplicada como técnica de interpretação da Constituição Federal, especificamente dos arts. 131 e 132, para o fim de consolidar a necessária autonomia para a Advocacia de Estado.

Ao se analisar as atas da Assembleia Nacional Constituinte na elaboração da atual Constituição do Brasil, verifica-se a discussão realizada em torno da elaboração de cada artigo constitucional.

Quanto às funções essenciais à Justiça, notadamente quanto à Advocacia de Estado, que, no texto original, denominava-se Advocacia-Geral da União, foi realizado um debate sobre a isonomia para as carreiras de Estado, ou seja, para Magistratura, Ministério Público, Defensoria Pública e Advocacia de Estado.[149]

Entendeu-se pela não equiparação de prerrogativas entre Advocacia de Estado e Ministério Público. Sublinhe-se que o apresentado no presente trabalho, inclusive, não é a total igualdade de prerrogativas, mas que seja conferida autonomia à função Advocacia de Estado, autonomia administrativa, orçamentária e funcional, não se buscando, porém, a independência dos advogados de Estado.

Assim, tem-se que o entendimento apresentado está na linha do que fora decidido quando da elaboração da Constituição de 1988, a saber, a partição de poderes entre as instituições Ministério Público, Advocacia de Estado e Defensoria Pública.

---

de Inconstitucionalidade 6875. p. 12. Disponível em: https://redir.stf.jus.br/paginadorpub/paginador.jsp?docTP=TP&docID=759690738. Acesso em: 13 set. 2023).

[149] Pode-se retirar, como exemplo, a seguinte fala do Sr. Roberto Jefferson, PTB/RJ: "O que é esse art 44, §8º? Isonomia! Isonomia Então, vejam: o Título tratou de quê? Magistratura e Ministério Público. Como é que o advogado da União pode ter as garantias da Magistratura? Como é que um advogado da União pode ter as garantias do Ministério Público? Fico a imaginar o procurador do lucra, que vai passar a ser advogado da União, lá numa zona de conflito: ele tem irremovibilidade, vitaliciedade e irredutibilidade de vencimentos; é juiz com os poderes de advogado" (SENADO FEDERAL. Constituintes. *Diário da Assembleia Nacional Constituinte*, Brasília, ano II, n. 218, 5 abr. 1988. p. 429. Disponível em: https://www25.senado.leg.br/web/atividade/anais/constituintes#1824. Acesso em: 13 set. 2023).

Essa partição de poderes entre as denominadas funções essenciais à Justiça também se relaciona com uma doutrina administrativa eminente no cenário brasileiro do final do século passado denominada Administração Pública pluricêntrica.[150]

Segundo essa doutrina, a sociedade tem se tornado cada vez mais plural e complexa, o que tem levado a uma Administração Pública fragmentária em razão da existência de diversos núcleos autônomos de poder com o surgimento de órgãos e entidades independentes.[151]

Nesse contexto, no nível federal, pode-se mencionar a criação de ministérios, bem como de agências reguladoras, destacando-se a Lei das Agências Reguladoras, Lei nº 13.848, de 25.6.2019.[152]

Segundo essa lei,[153] as agências reguladoras possuem uma natureza especial, que se caracteriza, entre outros elementos, pela autonomia funcional, decisória, administrativa e financeira.

Para essa doutrina pluricêntrica, os padrões político-administrativos tradicionais mostram-se morosos e submetidos a critérios

---

[150] ARAGÃO, A. S. de. Administração pública pluricêntrica. *R. Dir. Proc. Geral*, Rio de Janeiro, v. 54, 2001. p. 27 e ss.

[151] ARAGÃO, A. S. de. Administração pública pluricêntrica. *R. Dir. Proc. Geral*, Rio de Janeiro, v. 54, 2001. p. 27 e ss.

[152] BRASIL. *Lei Federal nº 13.848*. Disponível em: https://www.planalto.gov.br/ccivil_03/_Ato2019-2022/2019/Lei/L13848.htm. Acesso em: 14 fev. 2024.

[153] *Lei Federal nº 13.848*: "Art. 3º A *natureza especial* conferida à *agência reguladora* é caracterizada pela ausência de tutela ou de subordinação hierárquica, *pela autonomia funcional, decisória, administrativa e financeira* e pela investidura a termo de seus dirigentes e estabilidade durante os mandatos, bem como pelas demais disposições constantes desta Lei ou de leis específicas voltadas à sua implementação. §1º Cada agência reguladora, bem como eventuais fundos a ela vinculados, deverá corresponder a um órgão setorial dos Sistemas de Planejamento e de Orçamento Federal, de Administração Financeira Federal, de Pessoal Civil da Administração Federal, de Organização e Inovação Institucional, de Administração dos Recursos de Tecnologia da Informação e de Serviços Gerais. §2º *A autonomia administrativa da agência reguladora é caracterizada pelas seguintes competências*: I - solicitar diretamente ao Ministério da Economia: a) autorização para a realização de concursos públicos; b) provimento dos cargos autorizados em lei para seu quadro de pessoal, observada a disponibilidade orçamentária; c) alterações no respectivo quadro de pessoal, fundamentadas em estudos de dimensionamento, bem como alterações nos planos de carreira de seus servidores; II - conceder diárias e passagens em deslocamentos nacionais e internacionais e autorizar afastamentos do País a servidores da agência; III - celebrar contratos administrativos e prorrogar contratos em vigor relativos a atividades de custeio, independentemente do valor. §3º As agências reguladoras devem adotar práticas de gestão de riscos e de controle interno e elaborar e divulgar programa de integridade, com o objetivo de promover a adoção de medidas e ações institucionais destinadas à prevenção, à detecção, à punição e à remediação de fraudes e atos de corrupção" (BRASIL. *Lei Federal nº 13.848*. Disponível em: https://www.planalto.gov.br/ccivil_03/_Ato2019-2022/2019/Lei/L13848.htm. Acesso em: 14 fev. 2024) (Grifos nossos).

preponderantemente políticos, o que é inadequado aos desafios postos ao Estado diante de uma sociedade plural e complexa.[154]

É nesse contexto que se entende que não há antagonismo entre autonomia de entidades e órgãos com a unidade da própria Administração Pública, pois, na contemporaneidade, para que o Estado cumpra suas funções e realize os valores e os princípios que lhe foram impostos pela Constituição, faz-se necessário que a Administração atue de forma coordenada e descentralizada.[155]

Pontua-se que a doutrina pluricêntrica da Administração Pública preocupa-se com a possibilidade de desvio democrático[156] destas instituições autônomas, o que é evitado a partir da vinculação dessas entidades e órgãos àquelas pautas estabelecidas pelos poderes Executivo e Legislativo na implementação das políticas públicas.[157]

Em continuidade, quanto à teoria dos poderes implícitos, como apresentado, os poderes do Estado possuem faculdades implícitas que garantem o exercício de suas próprias competências. Dessa forma, sempre que a Constituição determina o fim buscado com suas normas, cabe aos governantes conceder os meios adequados para que esse fim seja plenamente concretizado.

Aliado a isso, tem-se que a Constituição brasileira de 1988, entendida como uma Constituição programática, traz um programa a ser buscado na sociedade, cabendo ao legislador infraconstitucional, bem como aos demais poderes, atuar na busca de realizar aquilo que o constituinte originário pensou para o país.

Nesse ponto, faz-se importante discutir a classificação de Barroso[158] para as normas constitucionais em um contexto em que se busca sistematizar essa classificação a fim de que seja reduzida a discricionariedade

---

[154] ARAGÃO, A. S. de. Administração pública pluricêntrica. *R. Dir. Proc. Geral,* Rio de Janeiro, v. 54, 2001. p. 33.
[155] Nesse sentido, conferir ARAGÃO, A. S. de. Administração pública pluricêntrica. *R. Dir. Proc. Geral,* Rio de Janeiro, v. 54, 2001. p. 37.
[156] ARAGÃO, A. S. de. Administração pública pluricêntrica. *R. Dir. Proc. Geral,* Rio de Janeiro, v. 54, 2001. p. 45.
[157] "Este foi o modelo adotado no Direito brasileiro - e já chancelado pelo Supremo Tribunal Federal - em relação às agências reguladoras e outros órgãos e entidades similares, dotados de ampla autonomia decisória, *autonomia esta que, contudo, é instrumental à realização dos objetivos fixados na lei e nas políticas públicas estabelecidas pela Administração central*" (ARAGÃO, A. S. de. Administração pública pluricêntrica. *R. Dir. Proc. Geral,* Rio de Janeiro, v. 54, 2001. p. 46).
[158] BARROSO, Luís Roberto. *O direito constitucional e a efetividade de suas normas*: limites e possibilidades da Constituição brasileira. [s.l.]: [s.n.], 2009. p. 89-90.

dos poderes de Estado na aplicação da própria Constituição, fazendo com que o Judiciário tenha critérios mais científicos para a interpretação constitucional especificamente quanto às omissões do Executivo e do Legislativo.

Para Barroso,[159] as normas constitucionais podem ser de organização ou definidoras de direito ou ainda programáticas.

As normas constitucionais de organização, como o próprio nome diz, são aquelas que estruturam organicamente o Estado, disciplinando a criação e a aplicação de outras normas. Como exemplo, elas são responsáveis por definir formas de Estado e de governo, indicar as competências dos órgãos constitucionais, entre outros exemplos.[160]

Por outro lado, as normas constitucionais definidoras de direitos são aquelas que estabelecem os direitos fundamentais dos indivíduos submetidos ao Estado, agrupando-as, segundo Barroso,[161] em direitos políticos, individuais, sociais e difusos.

A última classificação de Barroso[162] refere-se àquelas normas constitucionais programáticas. Para essa, entende-se que são aquelas que, indicando os fins sociais a serem atingidos pelo Estado, indicam princípios ou fixam programas de ação para a atuação do Poder Público. Aliás, essas normas, pontue-se, dirigem-se aos próprios órgãos estatais, sinalizando, portanto, a atuação do Legislativo na edição das leis, bem como balizando a atuação do Executivo e do Judiciário na aplicação das referidas leis.

Antes de avançar, deve-se ter claro a ideia de que é possível se verificar a superposição dessa classificação, encontrando-se, assim, normas constitucionais que desempenham mais de um desses papéis indicados. Como exemplo, Barroso[163] indica quando uma norma constitucional cria determinado órgão e, ao mesmo tempo, também define sua esfera de competência.

---

[159] BARROSO, Luís Roberto. *O direito constitucional e a efetividade de suas normas*: limites e possibilidades da Constituição brasileira. [s.l.]: [s.n.], 2009. p. 89-90.

[160] BARROSO, Luís Roberto. *O direito constitucional e a efetividade de suas normas*: limites e possibilidades da Constituição brasileira. [s.l.]: [s.n.], 2009. p. 92-95.

[161] BARROSO, Luís Roberto. *O direito constitucional e a efetividade de suas normas*: limites e possibilidades da Constituição brasileira. [s.l.]: [s.n.], 2009. p. 95.

[162] BARROSO, Luís Roberto. *O direito constitucional e a efetividade de suas normas*: limites e possibilidades da Constituição brasileira. [s.l.]: [s.n.], 2009. p. 113-118.

[163] BARROSO, Luís Roberto. *O direito constitucional e a efetividade de suas normas*: limites e possibilidades da Constituição brasileira. [s.l.]: [s.n.], 2009. p. 95.

Utilizando-se dessa classificação das normas constitucionais, tem-se que a norma que coloca os procuradores dos estados e do Distrito Federal como função essencial à Justiça, para além de criar uma instituição dentro do Estado brasileiro, também estabelece um programa de atuação aos procuradores, os quais devem atuar de forma a garantir a Justiça na defesa dos interesses de suas respectivas unidades federadas.

As normas relativas à Advocacia de Estado, notadamente as procuradorias dos estados e do Distrito Federal, definiram que cabe aos procuradores dos estados e do Distrito Federal o exercício da representação judicial e da consultoria jurídica das respectivas unidades federadas.

A Constituição de 1988 foi modesta na descrição dessa função essencial à Justiça, quando se compara com o Ministério Público e com a própria Defensoria Pública, deixando aos legisladores infraconstitucionais e às Constituições de cada estado e do Distrito Federal a regulamentação de cada carreira da Advocacia de Estado.

A despeito de não entrar em detalhes, a Carta Magna apresenta o norte que essa função essencial à Justiça tem na condução de seu múnus público, a saber, como já indicado, a defesa dos interesses do ente federado representado.

Os procuradores dos estados e do Distrito Federal têm um programa de atuação indicado na Constituição Federal, devendo, no plano infraconstitucional, ser garantida a necessária autonomia para que essa função seja exercida da melhor forma na defesa dos reais interesses públicos, não atuando como advogados de determinado governo local.

Deve-se deixar claro, porém, que não se trata de conferir autonomia aos procuradores dos estados ao ponto de simplesmente permitir-lhes a manifestação contrária a toda e qualquer atuação do Poder Executivo, mas dar segurança ao exercício da Advocacia Pública a fim de que, caso o Executivo proponha alguma medida contrária à lei ou à própria Constituição, o advogado público possa atuar de forma contrária a esse ato.

Os procuradores dos estados possuem autonomia técnica para apresentar suas manifestações.

Em verdade, cabe ao procurador de estado a defesa de políticas públicas legítimas, elaboradas por governos legitimamente escolhidos pelo povo, sendo tudo realizado em conformidade com o ordenamento jurídico, ou seja, tudo realizado de forma legal e constitucional.

Ademais, o que se encontra na Constituição Federal deve ser cumprido e garantido. Não se poderia, portanto, pensar diferente em relação à Advocacia de Estado que, como função essencial à Justiça que é, deve ter garantida a autonomia aos procuradores dos estados e do Distrito Federal.

No atual contexto, da forma como acontece a atuação dos procuradores dentro dos governos estaduais, verifica-se uma dependência da Advocacia Pública aos poderes executivos.

Assim, hodiernamente, exemplificando essa dependência, no âmbito das procuradorias dos estados, se quer-se nomear alguém, é necessária a atuação do Poder Executivo. Da mesma forma, se quer-se comprar algum bem material para a procuradoria, é necessário o Poder Executivo.

Em uma situação hipotética, como seria possível processar um gestor que esteja agindo de forma ilícita se ele é o responsável por comandar o orçamento da própria procuradoria?

São para situações como as apresentadas que se busca a autonomia aos procuradores dos estados, a fim de que seja dada segurança à sua atuação, evitando qualquer interferência arbitrária do Poder Executivo.

A autonomia que, no caso, busca-se é especificamente nos âmbitos funcional, administrativo e financeiro-orçamentário, a qual, se concedida, permitirá uma atuação das procuradorias dos estados mais independente, sem deixar de buscar a realização das políticas públicas apresentadas pelos gestores dos poderes executivos.

Para além da atuação legislativa, essa autonomia buscada para as carreiras da Advocacia de Estado pode também ser alcançada por meio da atuação do próprio Poder Judiciário.

Como exemplo, tem-se a criação de um tipo penal para enquadrar a homofobia e a transfobia como crimes de racismo, o que ocorreu pela atuação do próprio Supremo Tribunal Federal no julgamento da Ação Direta de Inconstitucionalidade por Omissão (ADO) nº 26 e do Mandado de Injunção (MI) nº 4.733.

Do julgamento da ADO nº 26,[164] a Suprema Corte fixou tese no sentido de que, até que o Congresso Nacional legisle especificamente

---

[164] "TESE: I - *Até que sobrevenha lei emanada do Congresso Nacional* destinada a implementar os mandados de criminalização definidos nos incisos XLI e XLII do art. 5º da Constituição da República, *as condutas homofóbicas e transfóbicas, reais ou supostas, que envolvem aversão odiosa à orientação sexual ou à identidade de gênero de alguém, por traduzirem expressões de racismo, compreendido este em sua dimensão social, ajustam-se, por identidade de razão e mediante adequação*

sobre o assunto, os atos homofóbicos e transfóbicos devem ser tipificados como crimes de racismo.

Verifica-se que o Poder Judiciário, dentro da teoria da separação de poderes, em um sistema de pesos e contrapesos, pode atuar no saneamento de omissões legislativas, como no caso da tipificação de crimes apresentada, desde que ocorra conforme os ditames legais e constitucionais.

A teoria dos poderes implícitos pode, e deve, ser utilizada para garantir a autonomia às carreiras da Advocacia de Estado; uma vez que se trata de uma função essencial à Justiça, é certo que devem ser conferidos meios para tanto.

Não é possível exercer a função pública de procurador de estado quando não se tem autonomia no exercício dessa atividade. A autonomia, destaque-se, é uma consequência natural, em primeiro lugar, da própria Constituição Federal. Em segundo, trata-se de um aperfeiçoamento necessário da carreira, como fruto do amadurecimento democrático do Estado brasileiro.

---

típica, aos preceitos primários de incriminação definidos na Lei nº 7.716, de 08/01/1989, constituindo, também, na hipótese de homicídio doloso, circunstância que o qualifica, por configurar motivo torpe (Código Penal, art. 121, §2º, I, 'in fine'); II - A repressão penal à prática da homotransfobia não alcança nem restringe ou limita o exercício da liberdade religiosa, qualquer que seja a denominação confessional professada, a cujos fiéis e ministros (sacerdotes, pastores, rabinos, mulás ou clérigos muçulmanos e líderes ou celebrantes das religiões afro-brasileiras, entre outros) é assegurado o direito de pregar e de divulgar, livremente, pela palavra, pela imagem ou por qualquer outro meio, o seu pensamento e de externar suas convicções de acordo com o que se contiver em seus livros e códigos sagrados, bem assim o de ensinar segundo sua orientação doutrinária e/ou teológica, podendo buscar e conquistar prosélitos e praticar os atos de culto e respectiva liturgia, independentemente do espaço, público ou privado, de sua atuação individual ou coletiva, desde que tais manifestações não configurem discurso de ódio, assim entendidas aquelas exteriorizações que incitem a discriminação, a hostilidade ou a violência contra pessoas em razão de sua orientação sexual ou de sua identidade de gênero; III - O conceito de racismo, compreendido em sua dimensão social, projeta-se para além de aspectos estritamente biológicos ou fenotípicos, pois resulta, enquanto manifestação de poder, de uma construção de índole histórico-cultural motivada pelo objetivo de justificar a desigualdade e destinada ao controle ideológico, à dominação política, à subjugação social e à negação da alteridade, da dignidade e da humanidade daqueles que, por integrarem grupo vulnerável (LGBTI+) e por não pertencerem ao estamento que detém posição de hegemonia em uma dada estrutura social, são considerados estranhos e diferentes, degradados à condição de marginais do ordenamento jurídico, expostos, em consequência de odiosa inferiorização e de perversa estigmatização, a uma injusta e lesiva situação de exclusão do sistema geral de proteção do direito" (BRASIL. Supremo Tribunal Federal (Tribunal Pleno). Ação Direta de Inconstitucionalidade por Omissão 26. Rel. Celso de Mello, j. 13.06.2019. Processo eletrônico. DJe, 243, divulg. 05.10.2020, public. 06.10.2020. Disponível em: https://portal.stf.jus.br/processos/detalhe.asp?incidente=4515053. Acesso em: 10 set. 2023).

Dessa forma, seja considerando a doutrina dos poderes implícitos, a qual já fora utilizada pela Suprema Corte[165] para confirmar a constitucionalidade de norma local que conferiu prerrogativas à Defensoria Pública conforme competências genéricas implícitas que permitam o pleno e efetivo exercício da missão constitucional da carreira, seja diante da atuação do Poder Judiciário e do Poder Legislativo, é necessário que seja conferida autonomia à Advocacia de Estado a fim de que essa função também possa exercer, com plenitude e com efetividade, seu múnus público constitucionalmente definido.

---

[165] No caso, refere-se a já mencionada Ação Direta de Inconstitucionalidade nº 6.875.

CONCLUSÃO

Há mais de 30 anos, durante a promulgação da Constituição da República Federativa do Brasil, em 1988, as funções denominadas essenciais à Justiça tiveram seus fundamentos delineados, separando-se as funções de defesa da sociedade, da defesa dos entes federados e da tutela das pessoas carentes.

Surgiram, assim, de forma separada, o Ministério Público, a Advocacia de Estado e a Defensoria Pública.

No decorrer destas últimas décadas, por meio de emendas constitucionais, a Defensoria Pública teve sua atuação mais bem definida com diversos avanços no sentido de conferir autonomia a essa carreira pública.

O mesmo, porém, não se verifica com a Advocacia de Estado, a qual pouco avançou no sentido de se conferir autonomia a essa função também essencial à Justiça.

Tirando-se a correção do título da seção, o qual passou de "Advocacia-Geral da União" para "Advocacia Pública", e a inclusão de estabilidade para os procuradores dos estados e do Distrito Federal, nada foi efetivamente realizado na constitucionalização da autonomia para essa função pública.

Pontue-se que a pesquisa realizada no presente trabalho é pela concessão da autonomia para as procuradorias dos estados e do Distrito Federal, não se buscando, de nenhuma forma, a independência para essa carreira de Estado.

Aliás, não se poderia pensar, conforme a própria jurisprudência da Suprema Corte entende,[166] em conferir independência funcional aos procuradores dos estados, na forma como ocorre com a Magistratura, o Ministério Público e a Defensoria Pública, pois a função da Advocacia de Estado é defender os interesses do ente federado representado, sendo evidente que sua atuação é dotada de parcialidade na medida em que defende esses interesses.

A parcialidade indicada não é relativa aos interesses do chefe do Poder Executivo, mas dos anseios do próprio Estado federado.

Ademais, considerando que a garantia da inamovibilidade é uma consequência da própria independência funcional, também se entende que não se pode buscar essa garantia aos procuradores dos estados e do Distrito Federal.

Em complemento, verifica-se a existência de projetos de emenda à Constituição no sentido de garantir a autonomia à Advocacia de Estado, o que já existe para o Ministério Público e para a Defensoria Pública.

Como exemplo dessas medidas, tem-se a Proposta de Emenda à Constituição nº 82 – PEC nº 82/2007,[167] apresentada em junho de 2007, buscando justamente a concessão da autonomia funcional aos procuradores dos estados e do Distrito Federal, bem como à Defensoria Pública.

Essa PEC, porém, defende a autonomia para as procuradorias de todos os níveis da Federação, incluindo os municípios, o que,

---

[166] "Ementa: DIREITO CONSTITUCIONAL. AÇÃO DIRETA. CONSTITUIÇÃO ESTADUAL. GARANTIA DE INAMOVIBILIDADE AOS PROCURADORES DO ESTADO. INCONSTITUCIONALIDADE. 1. A Procuradoria-Geral do Estado é o órgão constitucional e permanente ao qual se confiou o exercício da advocacia (representação judicial e consultoria jurídica) do Estado-membro (CF/88, art. 132). *A parcialidade é inerente às suas funções, sendo, por isso, inadequado cogitar-se independência funcional, nos moldes da Magistratura, do Ministério Público ou da Defensoria Pública (CF/88, art. 95, II; art. 128, §5º, I, b; e art. 134, §1º).* 2. *A garantia da inamovibilidade é instrumental à independência funcional*, sendo, dessa forma, insuscetível de extensão a uma carreira cujas funções podem envolver relativa parcialidade e afinidade de ideias, dentro da instituição e em relação à Chefia do Poder Executivo, sem prejuízo da invalidação de atos de remoção arbitrários ou caprichosos. 3. Procedência do pedido" (BRASIL. Supremo Tribunal Federal (Tribunal Pleno). Ação Direta de Inconstitucionalidade 1246. Rel. Roberto Barroso, j. 11.04.2019. Processo eletrônico. *DJe*, 108, divulg. 22.05.2019, public. 23.05.2019. Disponível em: https://portal.stf.jus.br/processos/detalhe.asp?incidente=1610211. Acesso em: 11 set. 2023).

[167] PEC nº 82/2007: "Ementa: *Acresce os arts. 132-A e 135-A e altera o art. 168 da Constituição Federal*. Dados Complementares: *Atribui autonomia funcional e prerrogativas aos membros da Defensoria Pública, Advocacia da União, Procuradoria da Fazenda Nacional, Procuradoria-Geral Federal, Procuradoria das autarquias e às Procuradorias dos Estados, do Distrito Federal e dos Municípios*" (BRASIL. Câmara dos Deputados. *Proposta de Emenda à Constituição 82/2007*. Disponível em: https://www.camara.leg.br/proposicoesWeb/fichadetramitacao?idProposicao=354302. Acesso em: 24 set. 2023).

entende-se, não seria possível de acontecer diante da disparidade de realidades encontradas nos mais de cinco mil municípios do Brasil, devendo haver um aprofundamento nos estudos quanto à situação das procuradorias municipais.

É evidente que esse avanço permitirá que os advogados de estado possam exercer seu múnus público, defendendo o patrimônio e os interesses públicos do Estado representado, não funcionando como um advogado de governo, mas sim advogados dos estados e do Distrito Federal.[168]

A PEC nº 82/2007 pretende acrescer à Constituição Federal as seguintes normas:[169]

> Art. 132-A. O *controle interno da licitude dos atos da administração pública*, sem prejuízo da atuação dos demais órgãos competentes, será exercido, na *administração direta*, pela *Advocacia-Geral da União*, na *administração indireta*, pela *Procuradoria-Geral Federal* e procuradorias das autarquias, e pelas *Procuradorias dos Estados, do Distrito Federal e dos Municípios*, as quais são asseguradas *autonomias funcional, administrativa e financeira*, bem como o poder de iniciativa de suas *políticas remuneratórias* e das *propostas orçamentárias anuais*, dentro dos limites estabelecidos na Lei de Diretrizes Orçamentárias. (NR) [...]
> Art. 135-A. Aos integrantes das carreiras da Defensoria Pública, bem como da Advocacia da União, da Procuradoria da Fazenda Nacional, da Procuradoria-Geral Federal, dos procuradores autárquicos e das

---

[168] No mesmo sentido, defende a Procuradora da Fazenda Nacional aposentada, Dra. Maria Dionne de Araújo Felipe, segundo a qual: "A autonomia trará aos advogados públicos o fortalecimento de suas Procuradorias, a possibilidade de exercer a sua função social de forma proativa, bem como exercer aconselhamento que permita ao Poder Público eliminar os desvios de conduta e a manipulação do sistema, que permitem desvios que lesam os cofres públicos. Essa mudança de perspectiva fará com que se desenvolva uma verdadeira advocacia pública de Estado, onde seus protagonistas desvincular-se-ão da sombra de serem vistos como Advogados de Governo e poderão exercer suas funções de forma plena e devolver à sociedade um Estado altivo, que tenha como única preocupação a obediência aos ditames da legalidade e da moralidade. Cabe a essa mesma sociedade, num momento em que as luzes da democracia repousam em serenas nuvens, apoiar a PEC/82, como reconhecimento de que a Advocacia Pública, função essencial da justiça, necessita desse empoderamento, que somente chegará com a aprovação da autonomia. Afinal, a quem interessa a (não) aprovação da autonomia da Advocacia Pública?" (FELIPE, M. D. de Araújo. A quem interessa a (não) aprovação da autonomia da advocacia pública nacional? Algumas reflexões acerca da PEC/82. *Migalhas*, 2023. Disponível em: https://www.migalhas.com.br/depeso/392961/a-nao-aprovacao-da-autonomia-da-advocacia-publica-nacional. Acesso em: 24 set. 2023.

[169] BRASIL. Câmara dos Deputados. *Proposta de Emenda à Constituição 82/2007*. Disponível em: https://www.camara.leg.br/proposicoesWeb/fichadetramitacao?idProposicao=354302. Acesso em: 24 set. 2023.

procuradorias dos Estados, do Distrito Federal e dos Municípios serão garantidas:

a) *inamovibilidade*, salvo por motivo de interesse público, mediante decisão do órgão colegiado competente, pelo voto da maioria absoluta de seus membros, assegurada ampla defesa;

b) *irredutibilidade de subsídio*, fixado na forma do art. 39, §4º, e ressalvado o disposto nos arts. 37, X e XI, 150, II, 153, III, 153, §2º, I;

c) *independência funcional*. (NR) [...]

Art. 168. Os recursos correspondentes às dotações orçamentárias, compreendidos os créditos suplementares e especiais, destinados aos órgãos dos Poderes Legislativo e Judiciário, do Ministério Público, da Advocacia-Geral da União, das Procuradorias Gerais dos Estados, do Distrito Federal e dos Municípios, bem como da Defensoria Pública, ser-lhes-ão entregues até o dia 20 de cada mês, em duodécimos, na forma da lei complementar a que se refere o art. 165, §9º da Constituição Federal. (NR)

Essa proposta de emenda à Constituição foi além do que se defende na presente pesquisa, conferindo, além da autonomia, outras garantias como independência funcional e inamovibilidade, o que, como já indicado anteriormente, não se mostra possível diante da parcialidade que envolve a atuação das procuradorias de estado e do Distrito Federal na defesa dos interesses do ente político representado.

Como encerramento da presente pesquisa, tendo por base todos os elementos jurídicos, políticos e sociais informados, segue uma proposta de emenda constitucional sintetizando as ideias do presente trabalho.

Art. 132. Os Procuradores dos Estados e do Distrito Federal, organizados em carreira, na qual o ingresso dependerá de concurso público de provas e títulos, com a participação da Ordem dos Advogados do Brasil em todas as suas fases, exercerão a representação judicial e a consultoria jurídica das respectivas unidades federadas.

§1º Aos procuradores indicados neste artigo é assegurada a estabilidade após três anos de efetivo exercício, mediante avaliação de desempenho perante os órgãos próprios, após relatório circunstanciado das corregedorias.

§2º Aos Procuradores dos Estados e do Distrito Federal são asseguradas autonomia funcional, administrativa e financeira, bem como a iniciativa de sua proposta orçamentária dentro dos limites estabelecidos na lei de diretrizes orçamentárias.

Pretende-se que seja satisfeita a necessária autonomia para essa função essencial à Justiça, eliminando a desigualdade de tratamento identificada entre essas funções, garantido, assim, como finalidade buscada, a autonomia para que os procuradores dos estados e do Distrito Federal atuem na defesa da legalidade e da moralidade da atuação dos entes federados representados.

Sendo aprovada uma proposta de emenda à Constituição como a que se pretende neste trabalho, o Brasil dará mais um avanço na defesa da democracia, funcionando as procuradorias dos estados, como de fato devem ser, como uma instituição de proteção dos interesses dos estados e do Distrito Federal.

REFERÊNCIAS

ACRE. *Lei n. 639, de 12 de abril de 1978*. Disponível em: https://www.al.ac.leg.br/leis/?p=2027. Acesso em: 28 maio 2023.

ALAGOAS. Procuradoria-Geral do Estado. *Institucional*. Disponível em: http://www.pge.al.gov.br/institucional. Acesso em: 28 maio 2023.

AMAPÁ. *Lei complementar nº 0006, de 18 de agosto de 1994*. Disponível em: http://www.al.ap.gov.br/ver_texto_consolidado.php?iddocumento=165. Acesso em: 31 maio 2023.

AMAZONAS. Procuradoria-Geral do Estado. *História*. Disponível em: http://www.pge.am.gov.br/institucional/historia/. Acesso em: 31 maio 2023.

ANAPE – ASSOCIAÇÃO NACIONAL DOS PROCURADORES DOS ESTADOS E DO DISTRITO FEDERAL. *Estatuto da Associação Nacional dos Procuradores dos Estados e do Distrito Federal – Anape*. Disponível em: https://anape.org.br/images/Estatuto/ESTATUTO_ANAPE_2023.pdf. Acesso em: 8 set. 2023.

ANAPE – ASSOCIAÇÃO NACIONAL DOS PROCURADORES DOS ESTADOS E DO DISTRITO FEDERAL. *Histórico*. Disponível em: https://anape.org.br/institucional/historico. Acesso em: 8 set. 2023.

ARAGÃO, A. S. de. Administração pública pluricêntrica. *R. Dir. Proc. Geral*, Rio de Janeiro, v. 54, 2001.

AUTONOMIA. *In*: MICHAELIS: Dicionário Brasileiro da Língua Portuguesa. São Paulo: Melhoramentos, 2023. Disponível em: https://michaelis.uol.com.br/moderno-portugues/busca/portugues-brasileiro/autonomia/. Acesso em: 6 jun. 2023.

BAHIA. Procuradoria-Geral do Estado. *PGE comemora 40 anos*. Disponível em: https://www.pge.ba.gov.br/pge-comemora-40-anos/. Acesso em: 31 maio 2023.

BARROSO, Luís Roberto. *O direito constitucional e a efetividade de suas normas*: limites e possibilidades da Constituição brasileira. [s.l.]: [s.n.], 2009.

BINENBOJM, Gustavo. O papel da Advocacia Pública na estabilidade jurídica e no desenvolvimento do país. *In*: PEDRA, Adriano Sant'Ana *et al*. (Coord.). *Advocacia Pública de Estado*: estudos comparativos nas democracias euro-americanas. Curitiba: Juruá, 2014. v. 1.

BONAVIDES, Paulo *et al*. *Curso de direito constitucional*. 26. ed. atual. São Paulo: Malheiros, 2011.

BRASIL. Câmara dos Deputados. *Proposta de Emenda à Constituição 82/2007*. Disponível em: https://www.camara.leg.br/proposicoesWeb/fichadetramitacao?idProposicao=354302. Acesso em: 24 set. 2023.

BRASIL. *Constituição da República Federativa do Brasil de 1988*. Disponível em: https://www.planalto.gov.br/ccivil_03/constituicao/constituicaocompilado.htm. Acesso em: 28 maio 2023.

BRASIL. *Decreto nº 1.166, de 17 de dezembro de 1892*. Disponível em: https://www2.camara.leg.br/legin/fed/decret/1824-1899/decreto-1166-17-dezembro-1892-523025-publicacaooriginal-1-pe.html. Acesso em: 28 maio 2023.

BRASIL. *Decreto nº 1.220, de 17 de janeiro de 1893*. Disponível em: https://www2.camara.leg.br/legin/fed/decret/1824-1899/decreto-1220-17-janeiro-1893-523033-publicacaooriginal-1-pe.html. Acesso em: 28 maio 2023.

BRASIL. *Decreto nº 967, de 2 de janeiro de 1903*. Disponível em: https://www2.camara.leg.br/legin/fed/decret/1900-1909/decreto-967-2-janeiro-1903-584211-publicacaooriginal-106963-pl.html. Acesso em: 28 maio 2023.

BRASIL. *Lei Federal nº 10.683, de 28 maio de 2003*. Disponível em: https://www.planalto.gov.br/ccivil_03/leis/2003/l10.683.htm. Acesso em: 9 set. 2023.

BRASIL. *Lei Federal nº 13.848*. Disponível em: https://www.planalto.gov.br/ccivil_03/_Ato2019-2022/2019/Lei/L13848.htm. Acesso em: 14 fev. 2024.

BRASIL. *Lei Federal nº 14.600, de 19 de junho de 2023*. Disponível em: https://www.planalto.gov.br/ccivil_03/_Ato2023-2026/2023/Lei/L14600.htm#art78. Acesso em: 9 set. 2023.

BRASIL. *Lei nº 2.123, de 1º de dezembro de 1953*. Disponível em: https://www.planalto.gov.br/ccivil_03/LEIS/1950-1969/L2123.htm. Acesso em: 28 maio 2023.

BRASIL. *Lei nº 221, de 20 de novembro de 1894*. Disponível em: https://www.planalto.gov.br/ccivil_03/leis/1851-1900/l0221-1894.htm. Acesso em: 28 maio 2023.

BRASIL. Ministério da Justiça. *I Diagnóstico da Advocacia Pública no Brasil*. Disponível em: http://www.sinprofaz.org.br/pdfs/diagnostico-advocacia-publica.pdf. Acesso em: 28 set. 2023.

BRASIL. Presidência da República. *Lei Federal nº 4.545, de 10 de dezembro de 1964*. Disponível em: http://www.planalto.gov.br/ccivil_03/leis/l4545.htm. Acesso em: 17 ago. 2023.

BRASIL. Supremo Tribunal Federal (Primeira Turma). Ação Cível Originária 1936 Agravo Regimental. Rel. Luiz Fux, j. 28.04.2015. Processo eletrônico. *DJe*, 099, divulg. 26.05.2015, public. 27.05.2015. Disponível em: https://portal.stf.jus.br/processos/detalhe.asp?incidente=4224633. Acesso em: 11 ago. 2023.

BRASIL. Supremo Tribunal Federal (Segunda Turma). Mandado de Segurança 28408. Rel. Cármen Lúcia, j. 18.03.2014. Acórdão eletrônico. *DJe*, 114, divulg. 12.06.2014, public. 13.06.2014. Disponível em: https://portal.stf.jus.br/processos/detalhe.asp?incidente=3791052. Acesso em: 10 set. 2023.

BRASIL. Supremo Tribunal Federal (Tribunal Pleno). Ação Direta de Inconstitucionalidade 1246. Rel. Roberto Barroso, j. 11.04.2019. Processo eletrônico. *DJe*, 108, divulg. 22.05.2019, public. 23.05.2019. Disponível em: https://portal.stf.jus.br/processos/detalhe.asp?incidente=1610211. Acesso em: 11 set. 2023.

BRASIL. Supremo Tribunal Federal (Tribunal Pleno). Ação Direta de Inconstitucionalidade 145. Rel. Dias Toffoli, j. 20.06.2018. Processo eletrônico. *DJe*, 162, divulg. 09.08.2018, public. 10.08.2018. Disponível em: https://portal.stf.jus.br/processos/detalhe.asp?incidente=1492555. Acesso em: 11 set. 2023.

BRASIL. Supremo Tribunal Federal (Tribunal Pleno). Ação Direta de Inconstitucionalidade 217 Medida Cautelar. Rel. Sydney Sanches, j. 23.03.1990. *DJ*, 19.12.2001 PP-00003, ement vol. 02054-01 PP-00054. Disponível em: https://portal.stf.jus.br/processos/detalhe.asp?incidente=1495886. Acesso em: 11 set. 2023.

BRASIL. Supremo Tribunal Federal (Tribunal Pleno). Ação Direta de Inconstitucionalidade 217. Rel. Ilmar Galvão, j. 28.08.2002. *DJ*, 13.09.2002 PP-00062, ement vol. 02082-01 PP-00001. Disponível em: https://portal.stf.jus.br/processos/detalhe.asp?incidente=1495886. Acesso em: 11 set. 2023.

BRASIL. Supremo Tribunal Federal (Tribunal Pleno). Ação Direta de Inconstitucionalidade 217. Rel. Ilmar Galvão, j. 28.08.2002. Disponível em: https://redir.stf.jus.br/paginadorpub/paginador.jsp?docTP=AC&docID=346258. Acesso em: 10 set. 2023.

BRASIL. Supremo Tribunal Federal (Tribunal Pleno). Ação Direta de Inconstitucionalidade 241. Rel. Gilmar Mendes, j. 11.04.2019. Processo eletrônico. *DJe*, 093, divulg. 06.05.2019, public. 07.05.2019. Disponível em: https://portal.stf.jus.br/processos/detalhe.asp?incidente=1496734. Acesso em: 10 set. 2023.

BRASIL. Supremo Tribunal Federal (Tribunal Pleno). Ação Direta de Inconstitucionalidade 2513 Medida Cautelar. Rel. Celso de Mello, Tribunal Pleno, j. 03.04.2002, *DJe*, 048, divulg. 14.03.2011, public. 15.03.2011, ement vol. 02481-01 PP-00035. *RTJ*, v. 00218-01 PP-00109. Disponível em: https://portal.stf.jus.br/processos/detalhe.asp?incidente=1966569. Acesso em: 10 set. 2023.

BRASIL. Supremo Tribunal Federal (Tribunal Pleno). Ação Direta de Inconstitucionalidade 2581. Rel. Maurício Corrêa. Rel. p/ acórdão Marco Aurélio, j. 16.08.2007. *DJe*, 152, divulg. 14.08.2008, public. 15.08.2008, ement vol. 02328-01 PP-00035. Disponível em: https://portal.stf.jus.br/processos/detalhe.asp?incidente=1986891. Acesso em: 10 set. 2023.

BRASIL. Supremo Tribunal Federal (Tribunal Pleno). Ação Direta de Inconstitucionalidade 2682. Rel. Gilmar Mendes, j. 12.02.2009. *DJe*, 113, divulg. 18.06.2009, public. 19.06.2009, ement vol. 02365-01 PP-00024. *RTJ*, v. 00210-02 PP-00573. *LEXSTF*, v. 31, n. 367, 2009, p. 63-85. Disponível em: https://portal.stf.jus.br/processos/detalhe.asp?incidente=2028051. Acesso em: 10 set. 2023.

BRASIL. Supremo Tribunal Federal (Tribunal Pleno). Ação Direta de Inconstitucionalidade 2820. Rel. Nunes Marques, j. 05.06.2023. Processo eletrônico. *DJe*, s/n, divulg. 12.07.2023, public. 13.07.2023. Disponível em: https://portal.stf.jus.br/processos/detalhe.asp?incidente=2083816. Acesso em: 20 set. 2023.

BRASIL. Supremo Tribunal Federal (Tribunal Pleno). Ação Direta de Inconstitucionalidade 291 Medida Cautelar. Rel. Moreira Alves, j. 06.06.1990. *DJ*, 14.09.1990 PP-09422, ement vol. 01594-01 PP-00015. Disponível em: https://portal.stf.jus.br/processos/detalhe.asp?incidente=1500278. Acesso em: 10 set. 2023.

BRASIL. Supremo Tribunal Federal (Tribunal Pleno). Ação Direta de Inconstitucionalidade 291. Rel. Joaquim Barbosa, Tribunal Pleno, j. 07.04.2010, *DJe*, 168, divulg. 09.09.2010, public. 10.09.2010, ement vol. 02414-01 PP-00001. Disponível em: https://portal.stf.jus.br/processos/detalhe.asp?incidente=1500278. Acesso em: 10 set. 2023.

BRASIL. Supremo Tribunal Federal (Tribunal Pleno). Ação Direta de Inconstitucionalidade 291. Disponível em: https://redir.stf.jus.br/paginadorpub/paginador.jsp?docTP=AC&docID=614078. Acesso em: 10 set. 2023.

BRASIL. Supremo Tribunal Federal (Tribunal Pleno). Ação Direta de Inconstitucionalidade 3056. Rel. Nunes Marques. Red. do acórdão Min. Luís Roberto Barroso, j. 25.09.2023. Disponível em: https://portal.stf.jus.br/processos/detalhe.asp?incidente=2185109. Acesso em: 13 out. 2023.

BRASIL. Supremo Tribunal Federal (Tribunal Pleno). Ação Direta de Inconstitucionalidade 3569. Rel. Sepúlveda Pertence, j. 02.04.2007. *DJe*, 013, divulg. 10.05.2007, public. 11.05.2007. *DJ*, 11.05.2007 PP-00047, ement vol. 02275-01 PP-00160. *LEXSTF*, v. 29, n. 342, 2007, p. 96-105. Disponível em: https://portal.stf.jus.br/processos/detalhe.asp?incidente=2318161. Acesso em: 10 set. 2023.

BRASIL. Supremo Tribunal Federal (Tribunal Pleno). Ação Direta de Inconstitucionalidade 4056. Rel. Ricardo Lewandowski, j. 07.03.2012. Acórdão eletrônico. *DJe*, 150, divulg. 31.07.2012, public. 01.08.2012. Disponível em: https://portal.stf.jus.br/processos/detalhe.asp?incidente=2604470. Acesso em: 10 set. 2023.

BRASIL. Supremo Tribunal Federal (Tribunal Pleno). Ação Direta de Inconstitucionalidade 4070. Rel. Cármen Lúcia, j. 19.12.2016. Acórdão eletrônico. *DJe*, 168, divulg. 31.07.2017, public. 01.08.2017. Disponível em: https://portal.stf.jus.br/processos/detalhe.asp?incidente=2611495. Acesso em: 10 set. 2023.

BRASIL. Supremo Tribunal Federal (Tribunal Pleno). Ação Direta de Inconstitucionalidade 4261. Rel. Ayres Britto, j. 02.08.2010, *DJe*, 154, divulg. 19.08.2010, public. 20.08.2010, ement vol. 02411-02 PP-00321. *RT*, v. 99, n. 901, 2010, p. 132-135. *LEXSTF*, v. 32, n. 381, 2010. Disponível em: https://portal.stf.jus.br/processos/detalhe.asp?incidente=2687834. Acesso em: 10 set. 2023.

BRASIL. Supremo Tribunal Federal (Tribunal Pleno). Ação Direta de Inconstitucionalidade 4449. Rel. Marco Aurélio, j. 28.03.2019. Processo eletrônico. *DJe*, 167, divulg. 31.07.2019, public. 01.08.2019. Disponível em: https://portal.stf.jus.br/processos/detalhe.asp?incidente=3934977. Acesso em: 13 set. 2023.

BRASIL. Supremo Tribunal Federal (Tribunal Pleno). Ação Direta de Inconstitucionalidade 470. Rel. Ilmar Galvão, Tribunal Pleno, j. 01.07.2002. *DJ*, 11.10.2002 PP-00021, ement vol. 02086-01 PP-00001. Disponível em: https://portal.stf.jus.br/processos/detalhe.asp?incidente=1516517. Acesso em: 13 set. 2023.

BRASIL. Supremo Tribunal Federal (Tribunal Pleno). Ação Direta de Inconstitucionalidade 4807. Rel. Cármen Lúcia, j. 01.08.2018. Processo eletrônico. *DJe*, 105, divulg. 20.05.2019, public. 21.05.2019. Disponível em: https://portal.stf.jus.br/processos/detalhe.asp?incidente=4264210. Acesso em: 13 set. 2023.

BRASIL. Supremo Tribunal Federal (Tribunal Pleno). Ação Direta de Inconstitucionalidade 5171. Rel. Luiz Fux, j. 30.08.2019. Processo eletrônico. *DJe*, 272, divulg. 09.12.2019, public. 10.12.2019. Disponível em: https://portal.stf.jus.br/processos/detalhe.asp?incidente=4657941. Acesso em: 13 set. 2023.

BRASIL. Supremo Tribunal Federal (Tribunal Pleno). Ação Direta de Inconstitucionalidade 5184. Rel. Luiz Fux, j. 30.08.2019. Processo eletrônico. *DJe*, 200, divulg. 13.09.2019, public. 16.09.2019. Disponível em: https://portal.stf.jus.br/processos/detalhe.asp?incidente=4683490. Acesso em: 13 set. 2023.

BRASIL. Supremo Tribunal Federal (Tribunal Pleno). Ação Direta de Inconstitucionalidade 5215. Rel. Roberto Barroso, j. 28.03.2019. Processo eletrônico. *DJe*, 167, divulg. 31.07.2019, public. 01.08.2019. Disponível em: https://portal.stf.jus.br/processos/detalhe.asp?incidente=4694838. Acesso em: 13 set. 2023.

BRASIL. Supremo Tribunal Federal (Tribunal Pleno). Ação Direta de Inconstitucionalidade 5296 Medida Cautelar. Rel. Rosa Weber, j. 18.05.2016. Processo eletrônico. *DJe*, 240, divulg. 10.11.2016, public. 11.11.2016. Disponível em: https://portal.stf.jus.br/processos/detalhe.asp?incidente=4752359. Acesso em: 13 set. 2023.

BRASIL. Supremo Tribunal Federal (Tribunal Pleno). Ação Direta de Inconstitucionalidade 5296. Disponível em: https://portal.stf.jus.br/processos/downloadPeca.asp?id=310710836&ext=.pdf. Acesso em: 13 set. 2023.

BRASIL. Supremo Tribunal Federal (Tribunal Pleno). Ação Direta de Inconstitucionalidade 5943. Rel. Gilmar Mendes, j. 17.12.2022. Processo eletrônico. *DJe*, s/n, divulg. 24.01.2023, public. 25.01.2023. Disponível em: https://portal.stf.jus.br/processos/detalhe.asp?incidente=5459616. Acesso em: 13 set. 2023.

BRASIL. Supremo Tribunal Federal (Tribunal Pleno). Ação Direta de Inconstitucionalidade 6165. Rel. Alexandre de Moraes, Tribunal Pleno, j. 22.06.2020. Processo eletrônico. *DJe*, 197, divulg. 06.08.2020, public. 07.08.2020. Disponível em: https://portal.stf.jus.br/processos/detalhe.asp?incidente=5721550. Acesso em: 13 set. 2023.

BRASIL. Supremo Tribunal Federal (Tribunal Pleno). Ação Direta de Inconstitucionalidade 6366. Rel. Roberto Barroso, j. 22.02.2023. Processo eletrônico. *DJe*, s/n, divulg. 01.03.2023, public. 02.03.2023. Disponível em: https://portal.stf.jus.br/processos/detalhe.asp?incidente=5887641. Acesso em: 13 set. 2023.

BRASIL. Supremo Tribunal Federal (Tribunal Pleno). Ação Direta de Inconstitucionalidade 6433. Rel. Gilmar Mendes, j. 03.04.2023. Processo eletrônico. *DJe*, s/n, divulg. 24.05.2023, public. 25.05.2023. Disponível em: https://portal.stf.jus.br/processos/detalhe.asp?incidente=5917259. Acesso em: 13 set. 2023.

BRASIL. Supremo Tribunal Federal (Tribunal Pleno). Ação Direta de Inconstitucionalidade 6505. Rel. NUNES MARQUES, j. 16.05.2022. Processo eletrônico. *DJe*, 107, divulg. 01.06.2022, public. 02.06.2022. Disponível em: https://portal.stf.jus.br/processos/detalhe.asp?incidente=5971367. Acesso em: 13 set. 2023.

BRASIL. Supremo Tribunal Federal (Tribunal Pleno). Ação Direta de Inconstitucionalidade 6875. Rel. Alexandre de Moraes, j. 21.02.2022. Processo eletrônico. *DJe*, 051, divulg. 16.03.2022, public. 17.03.2022. Disponível em: https://portal.stf.jus.br/processos/detalhe.asp?incidente=6189117. Acesso em: 13 set. 2023.

BRASIL. Supremo Tribunal Federal (Tribunal Pleno). Ação Direta de Inconstitucionalidade 6875. Disponível em: https://redir.stf.jus.br/paginadorpub/paginador.jsp?docTP=TP&docID=759690738. Acesso em: 13 set. 2023.

BRASIL. Supremo Tribunal Federal (Tribunal Pleno). Ação Direta de Inconstitucionalidade 7073. Rel. André Mendonça, j. 26.09.2022. Processo eletrônico. *DJe*, 213, divulg. 21.10.2022, public. 24.10.2022. Disponível em: https://portal.stf.jus.br/processos/detalhe.asp?incidente=6338637. Acesso em: 13 set. 2023.

BRASIL. Supremo Tribunal Federal (Tribunal Pleno). Ação Direta de Inconstitucionalidade 7218. Rel. Dias Toffoli, j. 11.03.2024, publicado em 14.03.2024. Disponível em: https://portal.stf.jus.br/processos/detalhe.asp?incidente=6449819. Acesso em: 21 de março de 2024.

BRASIL. Supremo Tribunal Federal (Tribunal Pleno). Ação Direta de Inconstitucionalidade 7271. Rel. Min. Edson Fachin. Red. do acórdão Min. Luís Roberto Barroso, j. 04.09.2023. Disponível em: https://portal.stf.jus.br/processos/detalhe.asp?incidente=6520484. Acesso em: 29 set. 2023.

BRASIL. Supremo Tribunal Federal (Tribunal Pleno). Ação Direta de Inconstitucionalidade 824. Rel. Nelson Jobim, j. 23.05.2001. *DJ*, 10.08.2001 PP-00002, ement vol. 02038-01 PP-00069. Disponível em: https://portal.stf.jus.br/processos/detalhe.asp?incidente=1555258. Acesso em: 10 set. 2023.

BRASIL. Supremo Tribunal Federal (Tribunal Pleno). Ação Direta de Inconstitucionalidade por Omissão 26. Rel. Celso de Mello, j. 13.06.2019. Processo eletrônico. *DJe*, 243, divulg. 05.10.2020, public. 06.10.2020. Disponível em: https://portal.stf.jus.br/processos/detalhe.asp?incidente=4515053. Acesso em: 10 set. 2023.

BRASIL. Supremo Tribunal Federal (Tribunal Pleno). Intervenção Federal 14. Rel. Luiz Gallotti, j. 20.01.1950. *DJ*, 26.01.1950 PP-00880. Disponível em: https://redir.stf.jus.br/paginadorpub/paginador.jsp?docTP=AC&docID=614766.Acesso em: 13 set. 2023.

BRASIL. Supremo Tribunal Federal (Tribunal Pleno). Recurso Extraordinário 887671. Rel. Marco Aurélio. Rel. p/ acórdão Ricardo Lewandowski, j. 08.03.2023. Processo eletrônico. Repercussão Geral – Mérito. *DJe*, s/n, divulg. 04.05.2023, public. 05.05.2023. Disponível em: https://portal.stf.jus.br/processos/detalhe.asp?incidente=4770601. Acesso em: 10 set. 2023.

CÂMARA DOS DEPUTADOS DO BRASIL. *Legislação portuguesa e primeiros textos legais referentes ao Brasil*. Disponível em: https://www2.camara.leg.br/a-camara/documentos-e-pesquisa/biblioteca/exposicoes-virtuais/exposicoes-virtuais-permanentes/legislacao-portuguesa-e-primeiros-textos-legais-referentes-ao-brasil. Acesso em: 27 abr. 2023.

CASAGRANDE, Cássio Luís; BARREIRA, Jônatas Henriques. O caso McCulloch v. Maryland e sua utilização na jurisprudência do STF. *Revista de Informação Legislativa: RIL*, Brasília, v. 56, n. 221, p. 247-270, jan./mar. 2019. Disponível em: http://www12.senado.leg.br/ril/edicoes/56/221/ril_v56_n221_p247. Acesso em: 13 set. 2023.

REFERÊNCIAS

CEARÁ. Procuradoria-Geral do Estado. *Institucional*. Disponível em: https://www.pge.ce.gov.br/institucional/sobre/. Acesso em: 31 maio 2023.

DAVID, René. *Os grandes sistemas do direito contemporâneo*. São Paulo: Martins Fontes, 2002.

ESPÍRITO SANTO. Procuradoria-Geral do Estado. *História*. Disponível em: https://pge.es.gov.br/historia. Acesso em: 31 maio 2023.

FELIPE, M. D. de Araújo. A quem interessa a (não) aprovação da autonomia da advocacia pública nacional? Algumas reflexões acerca da PEC/82. *Migalhas*, 2023. Disponível em: https://www.migalhas.com.br/depeso/392961/a-nao-aprovacao-da-autonomia-da-advocacia-publica-nacional. Acesso em: 24 set. 2023.

GOIÁS. Procuradoria-Geral do Estado. *Nossa história*. Disponível em: https://www.procuradoria.go.gov.br/a-procuradoria/nossa-hist%C3%B3ria.html. Acesso em: 31 maio 2023.

GRANDE JÚNIOR, Cláudio. Advocacia pública: estudo classificatório de direito comparado. *In*: GUEDES, Jefferson Carús; MOESSA, Luciane (Coord.). *Advocacia de Estado*: questões institucionais para a construção de um Estado de justiça. Estudos em homenagem a Diogo de Figueiredo Moreira Neto e José Antonio Dias Toffoli. Belo Horizonte: Fórum, 2009.

GUEDES, Jefferson Carús. Anotações sobre a história dos cargos e carreiras da Procuradoria e da advocacia pública no Brasil: começo e meio de uma longa construção. *In*: GUEDES, Jefferson Carús; MOESSA, Luciane (Coord.). *Advocacia de Estado*: questões institucionais para a construção de um Estado de justiça. Estudos em homenagem a Diogo de Figueiredo Moreira Neto e José Antonio Dias Toffoli. Belo Horizonte: Fórum, 2009.

IMPÉRIO DO BRAZIL. *Constituição Política do Império do Brazil, de 25 de março de 1824*. Disponível em: https://www.planalto.gov.br/ccivil_03/constituicao/constituicao24.htm Acesso em: 24 maio 2023.

MARANHÃO. Procuradoria-Geral do Estado. *Sobre a PGE*. Disponível em: https://www.pge.ma.gov.br/sobre-pge. Acesso em: 31 maio 2023.

MATO GROSSO DO SUL. Procuradoria-Geral do Estado. *Histórico*. Disponível em: https://www.pge.ms.gov.br/contato/historico/. Acesso em: 31 maio 2023.

MATO GROSSO. Procuradoria-Geral do Estado. *Histórico*. Disponível em: https://www.pge.mt.gov.br/historico. Acesso em: 31 maio 2023.

MINAS GERAIS. Advocacia-Geral do Estado. *Histórico*. Disponível em: https://advocaciageral.mg.gov.br/historico/. Acesso em: 31 maio 2023.

ORTEGA, Any; SILVA, Stanley Plácido da Rosa. *Dicionário de conceitos políticos*. São Paulo: Instituto do Legislativo Paulista – Alesp, 2020. Disponível em: https://www.al.sp.gov.br/repositorio/bibliotecaDigital/24369_arquivo.pdf. Acesso em: 21 ago. 2023.

PARÁ. Procuradoria-Geral do Estado. *Histórico*. Disponível em: https://pge.pa.gov.br/institucional/historico. Acesso em: 31 maio 2023.

PARAÍBA. Procuradoria-Geral do Estado. *Lei nº 3648, de 8 de fevereiro de 1971*. Disponível em: http://201.18.100.18/portal/legislacao/3648_1971.pdf/view. Acesso em: 10 ago. 2023.

PARANÁ. Governo do Estado. *PGE celebra 75 anos e lança revista comemorativa*. Disponível em: https://www.aen.pr.gov.br/Noticia/PGE-celebra-75-anos-e-lanca-revista-comemorativa. Acesso em: 10 ago. 2023.

PERNAMBUCO. *Legislação do Estado de Pernambuco*. Disponível em: https://legis.alepe.pe.gov.br/texto.aspx?tiponorma=2&numero=2&complemento=0&ano=1990&tipo=&url=. Acesso em: 10 ago. 2023.

PIAUÍ. Procuradoria-Geral do Estado. *História*. Disponível em: https://portal.pi.gov.br/pge/historia/. Acesso em: 10 ago. 2023.

PORTUGAL. *Ordenações Afonsinas*. Coimbra: Real Imprensa da Universidade, 1792. v. 5. Disponível em: https://bd.camara.leg.br/bd/handle/bdcamara/20280. Acesso em: 27 abr. 2023.

PORTUGAL. *Ordenações Manuelinas*. Coimbra: Real Imprensa da Universidade, 1797. v. 5. Disponível em: https://bd.camara.leg.br/bd/handle/bdcamara/17841. Acesso em: 27 abr. 2023.

RIO DE JANEIRO. Procuradoria-Geral do Estado. *História*. Disponível em: https://pge.rj.gov.br/institucional/historia. Acesso em: 10 ago. 2023.

RIO GRANDE DO NORTE. Procuradoria-Geral do Estado. *Lei Orgânica da PGE*. Disponível em: http://www.pge.rn.gov.br/Conteudo.asp?TRAN=ITEM&TARG=33971&ACT=&PAGE=&PARM=&LBL=NOT%CDCIA. Acesso em: 10 ago. 2023.

RIO GRANDE DO SUL. Procuradoria-Geral do Estado. *Histórico* – Breve histórico da Advocacia Pública como função essencial à Justiça. Disponível em: https://www.pge.rs.gov.br/quem-somos. Acesso em: 10 ago. 2023.

RONDÔNIA. Procuradoria-Geral do Estado. *História*. Disponível em: https://pge.ro.gov.br/institucional/historia-da-instituicao/. Acesso em: 10 ago. 2023.

RORAIMA. Procuradoria-Geral do Estado. *Procuradoria Geral de Roraima completa 19 anos*. Disponível em: https://portal.rr.gov.br/noticias/item/7888-procuradoria-geral-de-roraima-completa-19-anos. Acesso em: 10 ago. 2023.

SÁ, L. V.; OLIVEIRA, R. A. de. Autonomia: uma abordagem interdisciplinar. *Saúde Ética & Justiça*, v. 12, n. 1-2, p. 5-14, 2007. DOI: 10.11606/issn.2317-2770.v12i1-2p5-14. Disponível em: https://www.revistas.usp.br/sej/article/view/44280. Acesso em: 1º ago. 2023.

SANTA CATARINA. Procuradoria-Geral do Estado. *40 anos PGE/SC*: uma nova advocacia pública de Santa Catarina. Disponível em: https://www.pge.sc.gov.br/noticias/artigo-pge-40-anos/. Acesso em: 10 ago. 2023.

SÃO PAULO. Procuradoria-Geral do Estado. *Histórico*. Disponível em: http://www.portal.pge.sp.gov.br/institucional/historico/. Acesso em: 10 ago. 2023.

SENADO FEDERAL. Constituintes. *Diário da Assembleia Nacional Constituinte*, Brasília, ano II, n. 218, 5 abr. 1988. Disponível em: https://www25.senado.leg.br/web/atividade/anais/constituintes#1824. Acesso em: 13 set. 2023.

SERGIPE. Procuradoria-Geral do Estado. *Legislações*. Disponível em: https://www.pge.se.gov.br/wp-content/uploads/2017/05/LEI-COMPLEMENTAR-N-27_final.pdf. Acesso em: 17 ago. 2023.

SILVA, José Afonso da. *Comentário contextual à Constituição*. 5. ed. São Paulo: Malheiros, 2008.

SUNDFELD, C. A. Estado democrático de direito. *Boletim do Centro de Estudos da Procuradoria-Geral do Estado de São Paulo*, São Paulo, v. 14, n. 4, abr. 1990.

TOCANTINS. Procuradoria-Geral do Estado. *História*. Disponível em: https://www.to.gov.br/pge/historia/468d11gcjxtc. Acesso em: 17 ago. 2023.

US SUPREME COURT. *McCulloch v. Maryland, 17 U.S. 316 (1819)*. Disponível em: https://supreme.justia.com/cases/federal/us/17/316/. Acesso em: 13 set. 2023.

VERGOTTINI, Giuseppe de. *Derecho constitucional comparado*. Tradução de Claudia Herrera. México: Universidad Nacional Autónoma de México, 1994. Disponível em: http://ru.juridicas.unam.mx/xmlui/handle/123456789/10408.

ZATTI, Vicente. *Autonomia e educação em Immanuel Kant & Paulo Freire*. Porto Alegre: Edipucrs, 2007. Disponível em: https://ebooks.pucrs.br/edipucrs/acessolivre/livros/autonomiaeeducacao.pdf. Acesso em: 21 ago. 2023.

Esta obra foi composta em fonte Palatino Linotype, corpo 10
e impressa em papel Pólen Bold 70g (miolo) e Supremo 250g (capa)
pela Gráfica Formato, em Belo Horizonte/MG.